VOR DEM ERHITZEN EINES SALZSTEINS BITTE UNBEINGT LESEN

Ein Salzstein ist ein Naturprodukt, das eine spezielle Behandlung erfordert. Im Lauf der Zeit stellt sich aber Routine ein, und Sie werden – wie ich – intuitiv den richtigen Umgang finden.

Es gibt jedoch gewisse Risiken, die Sie beachten sollten, vor allem, wenn Sie noch keine Erfahrung im Umgang mit Salzsteinen haben.

- Salzsteine können reißen. Langsam erhitzen!
- Salzsteine können explodieren. Verwenden Sie nur Steine, die für den Küchengebrauch geeignet sind.
- Salzsteine werden sehr heiß. Am besten gar nicht anfassen, und wenn es nötig ist, nur kurz und mit Profi-Handschuhen, die extreme Temperaturen vertragen (siehe Seite 15) oder einem Salzsteinhalter.
- Salzsteine nehmen sehr viel Energie auf. Wenn Sie einen heißen Salzstein abseits vom Grill verwenden, sorgen Sie für eine ausreichende Isolierung zwischen dem Salzstein und Tisch oder Arbeitsfläche.

Mark Bitterman

Grillen auf dem SALZSTEIN

Die besten Rezepte vom Salzblock-Profi

DAS EINSTEIGERBUCH!

Rezepte von Andrew Schloss und Mark Bittermann
Fotos von Aubrie LeGault und Mark Bittermann

Bassermann

INHALT

EINLEITUNG

DIE FASZINATION DES SALZSTEINGRILLENS

Grillen – bei dem Stichwort fallen uns viele Bilder ein. Wir denken an sonnige Tage im Park, Pappteller und Ketchupflaschen auf einer Picknickdecke, Kühltaschen mit Bratwürstchen und Kartoffelsalat, und an nasse Hunde, die sich schütteln und alle mit Wasser bespritzen. Wir denken an Campingplätze am See, eine dampfende Kanne mit Kaffee am Rand der Feuerstelle, kichernde Kinder im Zelt, an Forellen und Spiegeleier, die in Butter braten. Wir denken an Urlaub in der Toskana, von Kondenswasser feuchte Gläser mit einem bitteren Aperitif und einen Koch, der auf Italienisch (das wir nicht verstanden) ausführlich über die Feinheiten der Zubereitung von Schweineschulter mit Wildkräutern referierte. Wir denken an Momente im eigenen Garten, an dicke Steaks, Zwiebeln und marinierten Spargel, und an Nachbarn, die mit ein paar Flaschen Bier vorbeischauen. Frische Speisen auf dem Feuer zuzubereiten, das ist Freude am Moment und Vorfreude auf den nächsten Grillabend. Der Salzstein ist eine neue Spielart dieses Abenteuers. Er schafft Genussmomente, die das Zeug haben, Erinnerungen der Zukunft zu werden.

Der Salzstein ist eine Offenbarung. Auf dem Grill ermöglicht er ganz neue Zubereitungsweisen, beispielsweise Konvektionsgaren, Braten und gleichzeitiges Garen von oben und unten – und sogar aus dem Inneren der Speisen. Das Grillgut gart schneller, besser und gleichmäßiger. Der Salzstein bringt zusammen mit dem Feuer das Aroma der Speisen unvergleichlich gut zur Geltung. Das Salz reagiert auf einzigartige Weise mit der Feuchtigkeit der Oberfläche des Grillguts, sodass die Haut durch die Hitze schön braun und knusprig wird. Proteine und Stärke werden aufgespalten, was der Textur und dem Geschmack zugutekommen. Außerdem gibt der Salzstein dem Grillen unter freiem Himmel eine ganz neue Dimension. Er lässt Altbekanntes wieder spannend werden, bietet neue Geschmackserlebnisse und eröffnet ganz neue Möglichkeiten auf dem guten alten Grill.

11 GUTE GRÜNDE FÜR EINEN SALZBLOCK

1. Ein Salzblock ist schwer. Was man unter ihn legt, wird flach gedrückt. Legt man ein halbes Hähnchen auf den Grill und beschwert es mit dem Salzblock, wird es zum »Platthuhn«. Das Fleisch gart schneller und gleichmäßiger, und die Haut wird wunderbar knusprig.
2. Ein Salzblock hat eine hohe thermische Masse. Dagegen ist die gute alte Gusseisenpfanne geradezu mickrig. Die thermische Masse gleicht die Gartemperatur des Grillguts aus. Lebensmittel brennen seltener an, bräunen besser und gelingen insgesamt einfach makellos.
3. Ein Salzblock hat eine hohe thermische Masse. Pizzasteine, Steinbacköfen und andere Dinge wurden erfunden, um die hohe Hitze zu erzeugen, die für viele Speisen nötig ist – von Naan-Brot bis zu Jakobsmuscheln. Der Salzblock erzeugt eine ausgesprochen gleichmäßige Hitze, und zwar dreimal so gut wie ein Pizzastein.
4. Feuchtigkeit aus den Speisen löst eine hauchdünne Salzschicht auf. Dieses Salzwasser verdunstet recht schnell und bildet eine Kruste auf der Oberfläche der Speisen. Dadurch bleibt das Grillgut wunderbar zart und saftig.
5. Wie viel Salz das Grillgut annimmt, hängt von zwei Faktoren ab: der Feuchtigkeit des Grillguts und der Temperatur des Salzblocks. Wie salzig das Grillgut wird, lässt sich also kontrollieren. Fetthaltige Lebensmittel wie Lachsfilet können bei extrahoher Temperatur gegrillt werden, sodass die Haut knusprig wird.
6. Auf dem Salzblock kann man auch Lebensmittel grillen, die ansonsten leicht durch die Lücken des Rosts fallen wie zum Bespiel klein geschnittenes Gemüse, Garnelen, kleine Würstchen ...
7. Der Salzblock ist transportabel. Wenn es draußen kalt ist, einfach die Zubereitung auf dem Grill beginnen. Dann den heißen Salzblock auf einem Topfuntersetzer ins Haus tragen und die Speisen auf dem Tisch fertig garen. Versuchen Sie das mal mit einem Holzkohlegrill!
8. Sie können ein- und denselben Salzblock heute für Muscheln, morgen für Steak, übermorgen für Entenbrust und danach

für Eier benutzen. Sofern die Speisen nicht außerordentlich fettig oder geruchsintensiv sind – etwa frische Sardinen – überträgt sich der Geschmack nicht auf die folgenden Zubereitungen.

10. Ein Salzblock sieht toll aus. Setzt man ihn auf einen robusten Topfuntersetzer oder einen Metallrost, kann man die gegrillten Speisen darauf servieren. Das sorgt auf jeden Fall für Gesprächsstoff.

9. Bevor Sie den Salzblock auf den Grill legen, sollten Sie ihn als Servierplatte benutzen. Obst, Gemüse und Käse nimmt einen Hauch von Salzgeschmack an. Beim Erhitzen verliert der Salzblock seine hinreißende rosa Transparenz. Nutzen Sie also die Gelegenheit, ihn vor dem ersten Grillen in seiner ganzen Schönheit zu präsentieren.

11. Grillen auf dem Salzstein ist ein neuer Trend. Wer jetzt die Grundlagen lernt und ein paar eigene Tricks und Kniffe entwickelt, kann schnell zum Trendsetter werden.

LERNEN SIE IHREN SALZBLOCK KENNEN

Wenn Sie beginnen, auf Ihrem Salzblock zu grillen, wird er ein Eigenleben entwickeln. Es wäre zwar schön, wenn er so unverwüstlich wie Edelstahl wäre, aber das ist nicht der Fall. Beim Erhitzen verändert sich die Farbe drastisch. Der Block kann feine oder auch größere Risse bekommen. Mit der Zeit wird er sich durch die auf ihm gegarten Proteine verfärben. Aber keine Sorge, Salz ist eine komplizierte, raffinierte und unberechenbare Substanz. Das macht seinen Charme und seinen kulinarischen Wert aus.

FARBIGKEIT

Himalajasalz gibt es in verschiedenen Farben: von transparent bis bernsteingelb, von perlmuttrosa bis blutrot, von stahlgrau bis silbrig-bläulich. Für die Farbe sorgen kleine Mengen an Mineralien in der Kristallmatrix – Eisen, Magnesium, Kupfer, Kalium und Dutzende andere. Jedes Mineral in der Erdkruste (und im menschlichen Körper) hat seine besondere Funktion – und Farbe.

TEMPERATURSTABILITÄT

Die Porosität von Himalaja-Salzblöcken ist sehr gering, darum kleben Lebensmittel nicht an der Oberfläche fest. Weil diese Salzblöcke nahezu keine Restfeuchte enthalten (0,026 %), kann man sie bedenkenlos extrem hohen oder niedrigen Temperaturen aussetzen. Das Wärmeaufnahmevermögen von Blöcken aus rosa Himalajasalz lässt hochwertiges Cromagan-Kochgeschirr der Spitzenklasse wie dünne Alufolie erscheinen.

Wir haben Salzblöcke bei Temperaturen von –196 °C bis 482 °C getestet. Salz schmilzt erst bei 800,8 °C, Sie haben also eine enorme Temperaturspanne, mit der Sie experimentieren können.

WECHSELWIRKUNGEN

Je stabiler das Material eines Kochgefäßes ist, desto weniger reagiert es mit den darin zubereiteten Lebensmitteln. Da Metalle toxisch sind, spielt die Materialstabilität bei der Wahl des Kochgeschirrs eine wichtige Rolle. Besteht das »Kochgeschirr« aber aus Salz, wird die Reaktion zwischen Lebensmitteln und Garfläche zu einem erwünschten Teil des Garvorgangs.

Weitere Aspekte sind beim Umgang mit Himalaja-Salzblöcken zu bedenken. Es scheint widersinnig, aber ein großer, flacher Block gibt nur wenig Salz an die darauf zubereiteten Speisen ab. Kristalle von Streusalz hingegen haben viele Facetten, also eine sehr große Oberfläche. Der Salzstein ist nicht porös. Das Gargut liegt auf einer geschlossenen Oberfläche, die sich langsam auflöst und nur einen moderaten Salzgeschmack an die Speisen abgibt. Zudem schmeckt Himalajasalz mit dem hohen Anteil an Spurenelementen milder als reines Natriumchlorid. Der Salzblock »würzt« also ausgewogener und verleiht den Speisen ein komplexeres Aroma als ein Pizzastein.

Eine hochwertige Edelstahlpfanne mit 24 cm Durchmesser wiegt etwa 1,1 kg und hat einschließlich Rand eine Oberfläche von 1290 cm^2. Ein 3,8 cm dicker Salzblock mit 24 cm Durchmesser hat etwa dieselbe Oberflächengröße, wiegt aber mehr als 5 kg. Um diese Masse zu erwärmen und abzukühlen, sind folglich mehr Zeit und Energie nötig.

Hinzu kommt, dass jedes Pfund Salz etwa 2 Kilojoule Energie speichert, die ganze Pfanne dagegen nur 1 Kilojoule. Die Pfanne erhitzt sich schnell und kühlt rasch wieder ab, weil sie nur wenig Energie aufnimmt, und weil der Aluminiumkern im Boden Hitze gut leitet. Der Salzblock kann etwa die zehnfache Menge Energie aufnehmen. Außerdem leitet Salz schlecht, die Hitze durchdringt es also langsam.

EINKAUF: DER RICHTIGE STEIN & WICHTIGES ZUBEHÖR

EINEN SALZSTEIN KAUFEN

Je höher die Qualität des Salzsteins, desto länger hält er, und desto unwahrscheinlicher ist es, dass er bricht oder sogar explodiert. Am besten kaufen Sie bei einem renommierten Händler. Wählen Sie einen Block, der glatt und relativ einfarbig ist. Äderungen und Farbvariationen sehen zwar interessant aus, können aber ein Hinweis auf Schichten sein, an deren Übergängen der Block leicht reißt. Salzsteine zum Grillen sollten möglichst wenige tiefe Risse haben. Farbige Streifen sollten zart und weich aussehen, keinesfalls scharf umrissen. Im Idealfall ist der Block gleichmäßig durchscheinend (nicht durchsichtig), aber auch opake Blöcke sind geeignet. Blöcke mit vielen erkennbaren Kristallfacetten sollten Sie nicht kaufen.

DIE GRÖSSE

Überlegen Sie vor dem Kauf, was Sie auf dem Salzblock zubereiten wollen. Grundsätzlich empfiehlt sich ein großer, schwerer Block. Für vier Vorspeisenportionen genügt eine Fläche von 20 x 20 cm bis 24 x 24 cm. Preiswerter ist es jedoch, zwei oder mehr »Ziegel« von 10 x 20 x 5 cm zu kaufen und sie nebeneinander auf den Grill zu legen.

Kleine Salzziegel lassen sich leicht handhaben und reinigen. Außerdem brechen sie nicht so schnell. Und wenn es doch geschieht, brauchen Sie nur einen einzelnen Ziegel zu ersetzen. Bedenken Sie, dass große Blöcke oft mehr kosten als kleine Ziegel mit derselben Gesamtfläche.

Ein weiterer Vorteil der Ziegel ist die Flexibilität. Wenn Sie genügend Ziegel besitzen, können Sie den Grill immer passend bestücken. Manchmal lege ich nur eine Ecke des Grills mit Salzziegeln aus und entzünde nur darunter ein Feuer. Dann kann ich Hähnchen auf den Salzsteinen anbraten und auf dem offenen Grillrost in der indirekten Hitze, die unter der Haube entsteht, fertig garen.

Ein Nachteil der Ziegel sind die Fugen, auf die man beim Auflegen des Grillguts achten muss. Ich finde aber, dass die Vorteile diesen vergleichsweise kleinen Nachteil aufwiegen.

WICHTIGE UTENSILIEN

Es gibt einige Hilfsmittel, mit denen das Grillen auf dem Salzstein einfacher und sicherer wird. Ein **Infrarot-Thermometer** ist nützlich, um die Temperatur des Salzsteins zu ermitteln. Man richtet das Gerät auf eine nicht reflektierende Oberfläche, und nach Druck auf den Auslöser wird die Temperatur angezeigt. Infrarot-Thermometer kosten kein Vermögen. Das Thermometer sollte Temperaturen bis 370 °C messen. Manche messen auch kalte Temperaturen bis –45 °C oder darunter.

Ofenhandschuhe in Profiqualität sind unverzichtbar. Ein Salzstein auf dem Grill ist unhandlich, sperrig, sehr schwer und höchstwahrscheinlich äußerst heiß. Beim Positionieren oder beim Auflegen und Wenden von Lebensmitteln arbeitet man mit den Händen direkt über dem Stein. Um ihn zu bewegen, muss man ihn anheben, also die Hände zwischen Hitzequelle und Stein schieben. Gute Ofenhandschuhe müssen (1) mindestens eine Minute zuverlässig vor Hitze schützen; (2) Temperaturen von bis zu 425 °C aushalten; (3) schwer entflammbar sein, besonders wichtig beim Anheben des Salzsteins vom brennenden Grill; und schließlich (4) sicheren Griff gewährleisten. Schutzhandschuhe für Schweißer wären eine Option. Ich verwende Handschuhe mit Handrücken und Schaft aus schwer entflammbarem Nomex.

Da ein Salzstein keine Antihaft-Oberfläche hat, brauchen Sie außerdem einen guten **Edelstahl-Wender** mit langem Griff. Mit einem Werkzeug aus Gummi, Holz oder Teflon lässt sich die köstliche braune Kruste nicht vom Stein lösen. Zum Wenden oder Abnehmen von Speisen halten Sie den Salzstein mit einem dicken Handschuh fest und schaben die Oberfläche mit Druck ab. Dabei dürfen Sie kräftig aufdrücken.

Wenn Sie den heißen Salzstein zum Garen oder Servieren auf den Tisch stellen wollen, brauchen Sie einen **Untersetzer,** vorzugsweise aus Keramik. Dieser isoliert gut und verträgt hohe Temperaturen. Untersetzer aus Silikon oder Holz können schmelzen oder versengen und so den Salzstein ruinieren. Verwenden Sie keinesfalls einen Untersetzer aus Metall, er verträgt zwar die Hitze, leitet sie aber direkt zur Tischplatte weiter. Ich verwende einen Keramikuntersetzer, darunter lege ich einen isolierenden, rutschfesten Silikonuntersetzer.

DER RICHTIGE UMGANG MIT DEM SALZBLOCK

DER START

Vor der ersten Verwendung wird der Salzstein kurz gereinigt. Salz ist von Natur aus antibakteriell, aber Staub und Schmutz sollten Sie mit kaltem Wasser abspülen. Danach mit einem sauberen Tuch abtrocknen. Küchenpapier ist auch geeignet, kann aber an rauen Stellen des Steins reißen. Beim Abspülen werden auch Salzkristalle entfernt, die sich bei Herstellung und Transport gelöst haben. Das Wasser bringt die natürliche Farbe des Salzsteins zum Vorschein.

LANGSAM ERHITZEN

Vor allem beim ersten Gebrauch muss der Salzstein langsam erhitzt werden. Dadurch hat das Kristallgitter im Inneren Zeit, sich allmählich auszudehnen. So entstehen weniger Spannungen, die zu Rissen führen können.

Geduld ist wichtig. Das Aufheizen des Salzsteins unterscheidet sich erheblich vom Vorheizen eines Ofens oder einer Pfanne. Bis Sie den Bogen heraus haben, sollten Sie eine Uhr oder einen Kurzzeitmesser benutzen.

In den meisten Fällen werden Sie mit dem Erhitzen des Steins beginnen, bevor Sie die Zutaten für Ihr Rezept bereitlegen.

ERHITZEN AUF DEM GASGRILL

1. 30–60 Minuten vor dem Grillen den Salzstein auf einen kalten Gasgrill legen. Den Grill anzünden, auf niedrigste Stufe einstellen, abdecken und den Stein 15 Minuten erwärmen.
2. Wenn der Salzstein temperiert ist, auf mittlere Temperatur umschalten. 15 Minuten erhitzen.
3. Anschließend weitere 15 Minuten auf hoher Stufe erhitzen, dann die Temperatur prüfen.

ERHITZEN AUF DEM HOLZKOHLEGRILL

1. Beim Grillen mit Holzkohle schieben Sie die glühenden Kohlen in eine Ecke. Den Stein mit Abstand zu den Kohlen auf den Grillrost legen und die Haube auflegen.
2. Nach 15 Minuten weitere Kohle zur Glut geben und den Salzstein mit Handschuhen über die neuen Kohlen schieben.
3. Die Kohlen erhitzen sich langsam, darum brauchen Sie nun nur noch zu warten. Nach etwa 30 Minuten ist der Salzstein zum Grillen bereit.

DIE GEWÜNSCHTE ENDTEMPERATUR ERREICHEN

Je nach gewünschter Endtemperatur kann die letzte Phase verlängert oder verkürzt werden: 5–7 Minuten für niedrigere Temperaturen zwischen 200 °C und 230 °C, 8–12 Minuten für Temperaturen zwischen 230 °C und 260 °C und 12–20 Minuten für Temperaturen zwischen 260 °C und 290 °C oder mehr.

LANGSAM ABKÜHLEN

Am Ende der Garzeit sollten Sie den Grill nicht gleich abschalten, sondern zunächst 2–3 Minuten auf schwache Hitze einstellen. Dadurch wird die thermische Belastung des Salzsteins verringert. Mir persönlich ist noch nie ein Salzstein durch zu schnelles Abkühlen zerbrochen, aber beim langsamen Abkühlen knackt er deutlich weniger. Das Knacken wird dadurch hervorgerufen, dass im Kristallgitter beim Abkühlen Spannung entsteht, die feinste Haarrisse verursacht.

REINIGEN

Vor dem Säubern muss der Salzstein auf Zimmertemperatur abkühlen. Das dauert mindestens 3–4 Stunden. Dann den Salzstein mit einem nassen Schwamm anfeuchten und mit Stahlwolle oder einem Scheuerschwamm alle Stellen, an denen Speisereste festkleben, abschrubben. Danach die gelösten Teile mit einem feuchten Schwamm abwischen. Verwenden Sie keinesfalls verseifte Stahlwolle. Die Seife kann in den Salzstein eindringen und ihn ruinieren. Wiederholen Sie den Vorgang, bis der Salzstein sauber ist. Danach mit einem sauberen Tuch oder Küchenpapier abtupfen (nicht wischen oder reiben). Einige Stunden bei Zimmertemperatur stehen lassen, damit die Restfeuchtigkeit verdunsten kann.

Der Salzstein wird nie wieder so aussehen wie vor dem ersten Gebrauch. Er wird milchig weißlich-rosa. Speisereste müssen entfernt werden, aber versuchen Sie nicht, ihn durch langes Schrubben wieder makellos aussehen zu lassen. Wie eine Gusseisenpfanne nimmt er eine natürliche Patina an. Übertriebenes Reinigen verkürzt seine Lebensdauer.

Der Salzstein lässt sich leichter reinigen, wenn Sie einige Minuten vor Ende der Garzeit den Grill ausschalten oder den Stein vom Grill nehmen. Durch die Restwärme des Steins werden die Speisen ganz normal gegart, aber der Stein beginnt schon abzukühlen. So können Reste, die nach dem Herunternehmen des Grillguts zurückbleiben, nicht so leicht verkohlen. Der Stein lässt sich nicht nur leichter reinigen, er sieht auch länger schön aus, weil die Bildung der Patina durch dieses Verfahren verlangsamt wird.

AUFBEWAHREN

Salzsteine sind hygroskopisch. Das heißt, sie ziehen Wasser an, auch aus der Raumluft. Darum sollten sie möglichst trocken gelagert werden. Normalerweise genügt ein Platz auf der Arbeitsfläche oder im Geschirrschrank. Obwohl ich in einer regnerischen Gegend lebe, bewahre ich meine Salzsteine überall dort auf, wo ich gerade einen Platz finde. Sie nehmen keinen Schaden. Wenn Sie in einer feuchten Region leben und Ihr Salzstein immer feucht ist, können Sie ihn in mehrere Lagen Küchenpapier wickeln und dann in einen Zip-Lock-Gefrierbeutel stecken, damit er keine Feuchtigkeit aus der Luft anzieht. Manche bewahren ihren Salzstein im Kühlschrank auf, weil kalte Luft von Natur aus weniger Feuchtigkeit enthält als warme. Auch das funktioniert gut.

TOD UND WIEDERGEBURT EINES SALZSTEINS

Woran erkennt man, dass ein Salzstein kaputt ist? Alte Salzsteine werden bröselig. Ein hochwertiger Pizzastein hält bei guter Pflege lange, ein Salzstein dagegen wird irgendwann zerbrechen. Wenn das passiert, können Sie ihn trotzdem benutzen, solange seine Oberfläche zum Zubereiten oder Servieren noch groß genug ist. Und wenn der Block dazu nicht mehr taugt, besteht er immer noch aus gutem, natürlichem Salz. Lange benutzte Salzblöcke kann man zerbrechen und in einer Pfanne als heißes Bett für Fleisch, Fisch oder Wurzelgemüse verwenden.

FÜR 4 PERSONEN

WHISKY-T-BONE MIT BLAUSCHIMMELKÄSEBUTTER

Der T-förmige Knochen trennt zwei sehr feine Stücke voneinander. Das größere ist die Lende, die großartig schmeckt und schön zart ist. Das kleinere ist das Filet. Es schmeckt herrlich und ist das zarteste Stück, das ein Rind zu bieten hat. Grillt man das T-Bone-Steak auf dem Salzstein, bekommen beide Stücke eine wunderbare Kruste, und der Saft erhält ein herzhaftes Aroma, das den Geschmack des Lendenstücks verstärkt und die Zartheit des Filets perfekt ergänzt. Denken Sie beim Portionieren daran, dass jeder Gast von beiden Stücken etwas bekommt.

1 quadratischer Salzstein, 25–30 cm, mindestens 3,8 cm dick

1 großes T-Bone-Steak, (ca. 700 g, 4 cm dick)
120 ml torfiger Whisky, z. B. Laphroaig 10
2 TL grob gemahlener schwarzer Pfeffer
1 große grüne Chilischote
½ Knoblauchzehe, fein gehackt
2 Zweige Thymian
85 g Blauschimmelkäse, zerbröselt
2 EL weiche Butter
2 EL natives Olivenöl extra

Steak und Whisky in einen großen Zip-Lock-Gefrierbeutel geben, die Luft herausdrücken und den Beutel schließen. Mindestens 6 Stunden (oder über Nacht) im Kühlschrank marinieren.

Eine Stunde vor dem Grillen das Fleisch aus dem Beutel nehmen und trocken tupfen. Beide Seiten mit schwarzem Pfeffer würzen.

Gleichzeitig den Salzstein auf eine Seite eines kalten Gasgrills legen. Den Grill auf niedriger Stufe anheizen, die Haube schließen und den Stein 20 Minuten erwärmen. Auf mittlere Hitze umschalten und weitere 20 Minuten erhitzen. Dann auf hoher Stufe 20 Minuten erhitzen. Ein auf die Mitte des Salzsteins gerichtetes Infrarot-Thermometer sollte etwa 290 °C anzeigen. Alternativ den Holzkohlegrill anheizen und die glühenden Kohlen auf eine Seite schieben. Den Salzstein auf der anderen Seite auf den Rost legen und die Haube schließen. Nach 20 Minuten ein Dutzend weitere Kohlestücke in den Grill geben und den Salzstein mit Handschuhen über die neuen Kohlen schieben. Nach 30 Minuten hat der Stein eine Temperatur von 290 °C und Sie können grillen.

Die Chilischote auf den heißen Salzstein legen und von jeder Seite etwa 1 Minute grillen, bis die Haut blasig ist. Auf ein Schneidebrett legen und zur Seite stellen.

Das Fleisch auf den heißen Salzstein legen und bei geschlossener Haube von jeder Seite 5 Minuten grillen. Vom Salzstein nehmen, auf den kühleren Teil des Grills legen und weitere 5–10 Minuten grillen (medium, 57 °C).

Das Fleisch auf ein Schneidebrett legen und vor dem Servieren 5 Minuten ruhen lassen.

Inzwischen die Haut der Chilischote mit den Fingern vorsichtig abrubbeln. Stiel und Kerne entfernen, dann das Fruchtfleisch hacken. Im Mixer mit Knoblauch, Thymian, Käse, Butter und Öl zu einer glatten Creme pürieren.

Das Steak aufschneiden, mit der Blauschimmelkäsebutter anrichten und servieren.

FÜR 6 PERSONEN

CHIMICHURRI-STEAK MIT GEGRILLTEM KICHERERBSEN-FLADENBROT

Chimichurri ist eine Mischung aus Kräutern und Essig, die wahrscheinlich aus Spanien stammt, aber heute in Argentinien und Uruguay als Grillzutat weit verbreitet ist. Chimichurri schmeckt eigentlich zu allem, aber zu dünneren, schnell und heiß auf dem Salzstein gegrillten Fleischstücken wie einem Flanksteak ist sie ein Hochgenuss. Das ist aber noch nicht alles. Während Sie sich die Zeit nehmen, den Salzstein anzuheizen, können Sie auch neue Grillgenüsse ausprobieren. Wie wäre es mit *Fainá*, einem Fladenbrot aus Kichererbsen, das man in Argentinien an Straßenständen kaufen kann. Damit wird das Flanksteak zu einer kompletten Mahlzeit.

1 quadratischer Salzstein, 25–30 cm, mindestens 3,8 cm dick (Foto siehe Seite 24)

CHIMICHURRI-SAUCE

- 2 große Bund glatte Petersilie, Blätter und feine Stiele
- 1 großes Bund Koriander, Blätter und feine Stiele
- 1 EL frische Oreganoblätter (oder 1 TL getrockneter Oregano)
- 5 Knoblauchzehen, gehackt
- 1 mittelgroße gelbe Zwiebel, gehackt
- 1 kleine rote Chilischote, entkernt und gehackt
- ½ TL frisch gemahlener schwarzer Pfeffer
- 80 ml Sherryessig
- 125 ml natives Olivenöl extra

STEAK

- 900 g Flanksteak

FLADENBROT

- 320 g Kichererbsenmehl
- ½ TL feines Meersalz
- 3 EL natives Olivenöl extra
- 2 EL frisch geriebener Parmesan
- 1 TL frisch gemahlener schwarzer Pfeffer
- 1 TL gemahlener Koriander

Für die Chimichurri-Sauce Petersilie, Koriander, Oregano, Knoblauch und Zwiebel im Mixer fein hacken. Chilischote, Pfeffer, Essig, 80 ml Wasser und das Olivenöl zugeben und alles zu einer stückigen Sauce verarbeiten. Mindestens 20 Minuten (oder bis zu 1 Woche) in den Kühlschrank stellen.

Das Fleisch mit der Hälfte der Chimichurri-Sauce in einen Zip-Lock-Beutel geben. Verschließen und 2 Stunden oder über Nacht in den Kühlschrank legen.

Eine Stunde vor dem Grillen den Salzstein auf eine Seite eines kalten Gasgrills legen. Den Grill auf niedriger Stufe anheizen, die Haube schließen und den Stein 20 Minuten erwärmen. Auf mittlere Hitze umschalten und weitere 20 Minuten erhitzen. Dann auf hoher Stufe 20 Minuten erhitzen. Ein auf die Mitte des Salzsteins gerichtetes Infrarot-Thermometer sollte etwa 290 °C anzeigen. Alternativ den Holzkohlegrill anheizen und die glühenden Kohlen auf eine Seite schieben. Den Salzstein auf der anderen Seite auf den Rost legen und die Haube schließen. Nach 20 Minuten ein Dutzend weitere Kohlestücke auf den Grill geben und den Salzstein mit Handschuhen über die neuen Kohlen schieben. Nach 30 Minuten hat der Stein eine Temperatur von 290 °C und Sie können grillen.

Für den Fladenbrotteig Mehl, Salz, Öl, Parmesan, Pfeffer und Koriander in einer Schüssel vermischen. 375 ml Wasser unterrühren. Den Teig 30 Minuten zum Quellen zur Seite stellen.

Das Flanksteak aus dem Beutel nehmen und die überschüssige Marinade abwischen. Die restliche Marinade aus dem Beutel wird nicht verwendet.

Das Fleisch auf dem heißen Salzstein bei geschlossener Haube von jeder Seite 5 Minuten grillen. Dann auf die andere Seite des Grills legen, unter der sich keine Hitzequelle befindet.

Aus dem Teig kleine Fladen (7,5 cm) auf den heißen Salzstein geben. Die Teigmenge reicht für etwa 12 Fladen. Bei geschlossener Haube 4 Minuten garen, bis die Fladen trocken aussehen und braune Ränder haben.

Die Fladen wenden, dafür eventuell mit dem Wender vom Stein lösen. Das Flanksteak auf ein Schneidebrett legen. Die Haube des Grills schließen und die Fladen von der anderen Seite garen. Vom Salzstein nehmen und auf ein Schneidebrett legen. Den restlichen Teig ebenso zubereiten.

Das Flanksteak quer zur Faser in dünne Scheiben schneiden. Mit dem Fladenbrot und der restlichen Chimichurri servieren.

ERGIBT 8 TACOS

TACOS MIT RIPPCHEN

Aus dem vorderen Rippenstück des Rinds wird die Querrippe geschnitten, die für dieses Gericht verwendet wird. Sie schließt sich direkt an die hohe Rippe an, die auch als Entrecôte bekannt ist und als das edelste Stück des Rinds gilt. Weil die hohe Rippe heute meist entbeint und als Rib Eye verkauft wird, ist die Querrippe beinahe in Vergessenheit geraten. Dabei schmeckt sie genauso gut, ist aber viel preiswerter. Das Fleisch wird zuerst mit Gewürzen aromatisiert und dann auf dem Salzstein gegrillt. Dadurch bekommt es ein hinreißendes Chiliaroma, das selbst schlichte Tacos zum Festessen macht.

1 quadratischer Salzstein, 20–25 cm, mindestens 3,8 cm dick (Foto siehe Seite 25)

1 EL geräuchertes Paprikapulver

2 TL gemahlener Kreuzkümmel, geröstet

1 TL Chilipulver

2 TL getrockneter Oregano

½ TL frisch gemahlener schwarzer Pfeffer

2 Knoblauchzehen, fein gehackt

1 grüne Chilischote, entkernt und fein gehackt

900 g Rinder-Querrippe ohne Knochen, in kleine Stücke geschnitten

120 g Gouda, geraspelt

500 ml Sauce nach Wahl

4 Limettenspalten zum Beträufeln

125 g saure Sahne (nach Belieben)

8 Weizentortillas, 20 cm Ø

1 EL Rapsöl

Paprikapulver, Kreuzkümmel, Chilipulver, Oregano, schwarzen Pfeffer, Knoblauch, grüne Chilischote und Fleisch in einer großen Schüssel vermischen. Abgedeckt mindestens 2 Stunden (oder über Nacht) in den Kühlschrank stellen.

Den Salzstein auf eine Seite eines kalten Gasgrills legen. Den Grill auf niedriger Stufe anheizen, die Haube schließen und den Stein 20 Minuten erwärmen. Auf mittlere Hitze umschalten und weitere 20 Minuten erhitzen. Dann auf hoher Stufe 20 Minuten erhitzen. Ein auf die Mitte des Salzsteins gerichtetes Infrarot-Thermometer sollte etwa 290 °C anzeigen.

Alternativ den Holzkohlegrill anheizen und die glühenden Kohlen auf eine Seite schieben. Den Salzstein auf der anderen Seite auf den Rost legen und die Haube schließen. Nach 20 Minuten ein Dutzend weitere Kohlestücke auf den Grill geben und den Salzstein mit Handschuhen über die neuen Kohlen schieben. Nach 30 Minuten hat der Stein eine Temperatur von 290 °C und Sie können grillen.

Gouda, Sauce, Limettenspalten und saure Sahne in separate Schälchen füllen. Damit werden die fertigen Tacos garniert.

Wenn der Salzstein heiß ist, die Tortillas auf dem Grillrost von jeder Seite 1 Minute garen, bis sie dunkelbraune Flecken haben. In Alufolie wickeln und warm halten.

Das gewürzte Fleisch im Öl wenden und auf dem heißen Salzstein in 2–3 Portionen jeweils 3 Minuten garen, dabei nach Bedarf wenden. Das Fleisch sollte gerade gar sein. Auf eine Servierplatte legen und warm halten.

Die warmen Tortillas und Beilagen separat servieren. Die Gäste können ihre Tortillas nach eigenem Geschmack füllen.

ERGIBT 4 BURGER

SCHWEINEBAUCH-BURGER MIT BACON

Burger gibt es mittlerweile in zahlreichen Variationen. Statt Salatblatt kann man Kimchi oder Krautsalat, statt Zwiebeln knusprig frittierte Schalotten, statt Rindfleisch-Pattys kann man eine Mischung Kobe-Rindfleisch und Geflügelleber wählen … Die Zutaten können sich ändern, nicht aber die Zubereitungsweise: Grill oder Grillpfanne. Auf dem Salzstein können Traditionalisten und Innovative ihren Traumburger brutzeln. Weil die Burger beim Garen schnell Saft abgeben, fetten wir den Salzstein vorher ein. Dadurch wird auch die Salzmenge reguliert, die das Fleisch aufnimmt. Burger, die so aromatisch und ausgewogen schmecken, gelingen mit konventionellen Garmethoden einfach nicht.

1 großer Salzblock (20 x 20 cm) oder 2 kleine (10 x 20 cm) zum Kühlen und Grillen
(Foto siehe Seite 30)

BURGER-MASSE (PATTYS)

450 g Schweinebauch, in 1 cm große Würfel geschnitten

220 g magere Schweinelende oder Hähnchenkeulen, in 1 cm große Würfel geschnitten

1 TL grob gemahlener schwarzer Pfeffer

½ TL feines Meersalz

80 ml Cidre

FETT

2 Scheiben Bacon, halbiert

BELÄGE

1 milde Zwiebel, in 5 mm dicke Ringe geschnitten

1 säuerlicher Apfel, entkernt und in feine Ringe geschnitten

4 Scheiben reifer Schmelzkäse (nach Belieben)

SAUCE

3 EL Mayonnaise

1 EL geriebener Meerrettich

1 TL scharfe Chilisauce, z. B. Sriracha-Sauce

4 Burger-Brötchen

Wenn Sie das Fleisch beim Metzger durchdrehen lassen können, überspringen Sie die folgenden ersten beiden Arbeitsschritte.

Den Salzstein 1 Stunde ins Gefrierfach legen. Schweinebauch- und Hähnchenstücke gleichmäßig auf dem gekühlten Salzstein verteilen und weitere 15 Minuten ins Gefrierfach legen, bis das Schweinefleisch fest, aber nicht hart ist.

Das Fleisch im Mixer fein hacken oder zweimal durch einen Fleischwolf drehen.

Das Fleisch in eine große Schüssel geben. Pfeffer, Salz und Cidre mit den Händen unterkneten. 4 Pattys formen und bis zum Grillen in den Kühlschrank legen.

Eine Stunde vor dem Grillen den Salzstein auf eine Seite eines kalten Gasgrills legen. Den Grill auf niedriger Stufe anheizen, die Haube schließen und den Stein 20 Minuten erwärmen. Auf mittlere Hitze umschalten und weitere 20 Minuten erhitzen. Dann auf hoher Stufe 20 Minuten erhitzen. Ein auf die Mitte des Salzsteins gerichtetes Infrarot-Thermometer sollte etwa 290 °C anzeigen. Alternativ den Holzkohlegrill anheizen und die glühenden Kohlen auf eine Seite schieben. Den Salzstein auf der anderen Seite auf den Rost legen und die Haube schließen. Nach 20 Minuten ein Dutzend weitere Kohlestücke auf den Grill geben und den Salzstein mit Handschuhen über die neuen Kohlen schieben. Nach 30 Minuten hat der Stein eine Temperatur von 290 °C und Sie können grillen.

Die Baconscheiben auf dem heißen Salzstein 3 Minuten grillen, bis sie gar, aber noch nicht knusprig sind. Nach der Hälfte der Zeit wenden. Fett, das am Salzstein hinabläuft, mit einen gefalteten Stück Küchenpapier aufwischen. Vorsicht, nicht die Finger verbrennen, das Fett ist heiß! Den Bacon vom Salzstein nehmen und auf eine Servierplatte legen.

Zwiebelringe und Apfelscheiben in dem Fett auf dem Salzstein etwa 3 Minuten grillen, bis sie weich werden. Zum Bacon auf die Servierplatte legen.

Anschließend die Pattys auf dem Salzstein von jeder Seite 4–5 Minuten grillen, bis sie braun sind und ein an der dicksten Stelle eingestochenes Fleischthermometer 63 °C anzeigt. Käsescheiben (falls verwendet) 1 Minute vor Ende der Garzeit auf die Pattys legen.

Inzwischen für die Sauce Mayonnaise, Meerrettich und Chilisauce verrühren. Zur Seite stellen.

Die Pattys auf die untere Hälfte der Brötchen geben und einen Esslöffel Sauce, einige Zwiebel- und Apfelringe und eine Scheibe Bacon darüberlegen. Die obere Hälfte auflegen und servieren.

ERGIBT 12 SPIESSE

LAMMSPIESSE MIT MINZ-CHUTNEY UND PIKANTEM ERDNUSS-CRUMBLE

Manchmal scherze ich, dass mich die Saucen mehr interessieren als das Fleisch, zu dem sie serviert werden. Saté – würzige, gegrillte Fleischspieße, die man in Indonesien mit Erdnusssauce serviert – sind da keine Ausnahme. Es kann peinlich sein, wenn man die ganze Sauce aufgegessen hat, bevor die anderen Gäste einen zweiten Bissen nehmen konnten. Auf dem Salzstein kann das nicht passieren: Wenn die Gewürze auf dem Stein geröstet werden, mischt sich der austretende Fleischsaft und überzieht die Spieße mit einer köstlichen Sauce. Das erfrischende Minz-Chutney und die knusprig-süßlichen Erdnüsse mit exotischen Gewürzen sind die perfekte Ergänzung zu dem herrlich saftigen Fleisch.

1 quadratischer Salzstein, 20–25 cm, mindestens 3,8 cm dick (Foto siehe Seite 31)

MINZ-CHUTNEY (ERGIBT CA. 250 ML)

1 Bund frische Minze

1 Bund frischer Koriander

2 EL frisch gepresster Limettensaft

1 scharfe kleine Chilischote, grob gehackt

1 Knoblauchzehe, grob gehackt

1,5-cm-Stück frischer Ingwer, grob gehackt

1 Prise feines Meersalz

GEWÜRZMISCHUNG

2 EL Koriandersamen

2 TL Kreuzkümmel

1 TL Anis

1 Msp. Cayennepfeffer

60 g Palmzucker

FLEISCH

1 TL Tamarindenpaste

2 EL fein gehackter Ingwer

2 EL fein gehacktes Zitronengras (nur das Innere)

2–4 Schalotten, fein gehackt

1 Knoblauchzehe, fein gehackt

1 kleine scharfe Chilischote, entkernt und fein gehackt

1 TL gemahlene Kurkuma

900 g Lammkeule ohne Knochen und sichtbares Fett, in 2 cm lange Streifen geschnitten

1 EL Erdnussöl

ERDNUSS-CRUMBLE

1 EL Erdnussöl

180 g Erdnusskerne ohne Salz, grob gehackt

½ TL grobes Meersalz

Alle Zutaten für das Minz-Chutney mit einem Stabmixer fein pürieren. So viel Wasser zugeben, dass die Mischung dickflüssig wird. Sie soll am Fleisch haften. Abgedeckt bis zu 24 Stunden in den Kühlschrank stellen.

Für die Gewürzmischung eine Gusseisenpfanne auf mittlerer Stufe 3 Minuten erhitzen. Vom Herd nehmen. Koriander, Kreuzkümmel und Anis in die Pfanne geben und 30 Sekunden rösten. Aus der Pfanne nehmen und abkühlen lassen, dann in einer Gewürzmühle oder einem Mörser fein zerkleinern. Cayennepfeffer und Palmzucker unterrühren. Zur Seite stellen.

Für das Fleisch 125 ml heißes Wasser in eine mittelgroße Schüssel geben. Die Tamarindenpaste darin unter Rühren auflösen. Ingwer, Zitronengras, Schalotten, Knoblauch, Chili, Kurkuma und 2 Esslöffel der gerösteten Gewürzmischung zugeben. (1 Esslöffel Gewürzmischung zurückbehalten.)

Die Fleischstreifen in der Tamarindenmischung und dem Erdnussöl wenden. Abgedeckt über Nacht in den Kühlschrank stellen.

Eine Stunde vor dem Grillen den Salzstein auf eine Seite eines kalten Gasgrills legen. Den Grill auf niedriger Stufe anheizen, die Haube schließen und den Stein 20 Minuten erwärmen. Auf mittlere Hitze umschalten und weitere 20 Minuten erhitzen. Dann auf hoher Stufe 20 Minuten erhitzen. Ein auf die Mitte des Salzsteins gerichtetes Infrarot-Thermometer sollte etwa 290 °C anzeigen. Alternativ den Holzkohlegrill anheizen und die glühenden Kohlen auf eine Seite schieben. Den Salzstein auf der anderen Seite auf den Rost legen und die Haube schließen. Nach 20 Minuten ein Dutzend weitere Kohlestücke auf den Grill geben und den Salzstein mit Handschuhen über die neuen Kohlen schieben. Nach 30 Minuten hat der Stein eine Temperatur von 290 °C und Sie können grillen.

Während der Stein erhitzt wird, das Erdnuss-Crumble vorbereiten.

Das Erdnussöl in einer großen Pfanne auf mittlerer Stufe erhitzen. Erdnüsse, Salz und die restliche Gewürzmischung zugeben. Unter Rühren erhitzen, bis die Erdnüsse gebräunt und mit der Gewürzmischung umhüllt sind. Abkühlen lassen.

Das Lammfleisch aus dem Kühlschrank nehmen und die Fleischstreifen auf 12 Bambus- oder Metallspieße stecken. (Bambusspieße müssen nicht vorher gewässert werden.) Die restliche Tamarindenmarinade wird nicht weiter verwendet. Die Spieße auf dem heißen Salzstein von jeder Seite etwa 1 Minute medium garen. Mit Erdnuss-Crumble und Chutney zum Dippen servieren.

FÜR 4 PERSONEN

SCHWEINELENDE MIT WACHOLDERKRUSTE

Schweinelende vom Grill ist eine riskante Sache. Alle freuen sich auf herrlich zartes Fleisch, lassen die Bälle fallen und kommen vom Ende des Gartens herbeigerannt, doch dann beißt man in eine zähe, trockene Enttäuschung. Man schaut verlegen auf die Serviette auf dem Schoß, und aus lockerer Plauderei wird eine nüchterne Diskussion über Politik. Aber auf dem Salzstein hält das Fleisch, was es verspricht. Die proteinreiche Flüssigkeit bildet eine außergewöhnlich schöne Kruste, die herrlich schmeckt und das Austrocknen verhindert. Aromatischer Wacholder und Knoblauch setzen ein gekonntes Gegengewicht zum Salz, und ein Spritzer Balsamico rundet den Genuss ab.

1 quadratischer Salzstein, 20–25 cm, mindestens 3,8 cm dick

- 1 EL grob zerstoßener schwarzer Pfeffer
- 1 Knoblauchzehe, fein gehackt
- 3 Wacholderbeeren, zerdrückt und fein gehackt
- 3 EL plus 2 TL natives Olivenöl extra
- 800 g Schweinefilet
- 500 ml Balsamico
- Saft und Zesten von 1 Limette

Zerstoßenen Pfeffer, Knoblauch, Wacholder und 3 Esslöffel Öl verrühren. Das Fleisch damit einreiben und 1 Stunde zur Seite stellen.

Inzwischen den Balsamico in einem kleinen Topf bei mittlerer Hitze zum Kochen bringen und köcheln lassen, bis er eindickt (ca. 80 ml). Vom Herd nehmen. Limettensaft und -zesten unterrühren. Zur Seite stellen.

Eine halbe Stunde vor dem Grillen den Salzstein auf eine Seite eines kalten Gasgrills legen. Den Grill auf niedriger Stufe anheizen, die Haube schließen und den Stein 10 Minuten erwärmen. Auf mittlere Hitze umschalten und weitere 10 Minuten erhitzen. Dann auf hoher Stufe 10 Minuten erhitzen. Ein auf die Mitte des Salzsteins gerichtetes Infrarot-Thermometer sollte etwa 230 °C anzeigen. Alternativ den Holzkohlegrill anheizen und die glühenden Kohlen auf eine Seite schieben. Den Salzstein auf der anderen Seite auf den Rost legen und die Haube schließen. Nach 20 Minuten den Salzstein mit Handschuhen über die Kohlen schieben. Nach weiteren 10 Minuten hat der Stein eine Temperatur von 230 °C und Sie können grillen.

Das Fleisch auf dem heißen Salzstein von beiden Seiten grillen, bis es gebräunt, aber noch weich ist. Ein Fleischthermometer an der dicksten Stelle einstechen, es sollte 60 °C anzeigen. Das Fleisch auf ein Schneidebrett legen und vor dem Aufschneiden 10 Minuten ruhen lassen.

Quer zur Faser in 5 mm dicke Scheiben schneiden und dachziegelartig auf eine Platte legen. Mit dem eingekochten Balsamico und dem restlichen Olivenöl beträufeln. Sofort servieren.

FÜR 4 PERSONEN

LAOTISCHER SCHWEINE-FLEISCHSALAT (LAAB GA)

Laab – auch Larb oder Lap – ist das Nationalgericht von Laos. Es kann zu knusprigem Reis, Klebereis oder Nudeln serviert werden. Durch das Grillen auf dem Salzstein wird das Fleisch extrawürzig und schmeckt am besten als Salat. Durch die Hitze des Salzsteins verdampfen einige Inhaltsstoffe des Currys, und durch die austretende Flüssigkeit wird gerade genug Salz gelöst, um das Fleisch und den Salat perfekt zu würzen. Der Rauch, der dabei entsteht, duftet wunderbar exotisch – fast, als läge ihr Garten in Laos.

1 quadratischer Salzstein, 20–25 cm, mindestens 3,8 cm dick

1 EL rote Currypaste

2 TL dunkles Sesamöl

450 g Schweinefilet oder Schweinekotelett ohne Knochen, im Mixer oder von Hand fein gehackt

125 ml frisch gepresster Limettensaft

125 ml Fischsauce (Nam pla)

1 EL Reisessig

1 Knoblauchzehe, fein gehackt

1 kleine Chilischote, halbiert

1 kleine Karotte, fein geraspelt

½ Salatgurke, gewürfelt

2 mittelgroße reife Tomaten, gewürfelt

½ Bund Koriander, fein gehackt

8 schöne Blätter Eisbergsalat oder Kopfsalat

Eine Stunde vor dem Grillen den Salzstein auf eine Seite eines kalten Gasgrills legen. Den Grill auf niedriger Stufe anheizen, die Haube schließen und den Stein 20 Minuten erwärmen. Auf mittlere Hitze umschalten und weitere 20 Minuten erhitzen. Dann auf hoher Stufe 20 Minuten erhitzen. Ein auf die Mitte des Salzsteins gerichtetes Infrarot-Thermometer sollte etwa 290 °C anzeigen. Alternativ den Holzkohlegrill anheizen und die glühenden Kohlen auf eine Seite schieben. Den Salzstein auf der anderen Seite auf den Rost legen und die Haube schließen. Nach 20 Minuten ein Dutzend weitere Kohlestücke auf den Grill geben und den Salzstein mit Handschuhen über die neuen Kohlen schieben. Nach 30 Minuten hat der Stein eine Temperatur von 290 °C und Sie können grillen.

Inzwischen Currypaste und Sesamöl in einer mittelgroßen Schüssel gut verrühren. Das Fleisch unterrühren und zur Seite stellen.

Limettensaft, Fischsauce, 125 ml Wasser, Essig, Knoblauch, Chili und Karotte in einer großen Schüssel verrühren.

Das Fleisch in zwei Portionen auf dem heißen Salzstein jeweils 1 Minute grillen, bis es gerade gar ist. Mit dem Dressing in eine große Schüssel geben und warm halten. Gurke, Tomate und Koriander mischen. Alles gleichmäßig auf die Salatblätter verteilen und servieren.

FÜR 4 PERSONEN

KNUSPRIGER SCHWEINESPECK MIT AHORNSIRUP

Mit Zucker karamellisierter Schweinespeck ist unter dem Namen »Pig Candy« gerade sehr angesagt und man findet im Internet viele Rezepte. Braucht es also noch ein weiteres? Unbedingt! Denn auf dem Salzstein wird aus dem hippen Gericht ein zeitloser, köstlicher Klassiker. Vielleicht liegt es an der spannenden Mischung aus Süß und Salzig, vielleicht auch an der Art, wie Zucker und Fett auf dem heißen Salzstein verschmelzen und verlockend duften, oder an der festen Konsistenz, für die das Salz sorgt. Vielleicht schmeckt es auch einfach so gut, dass es uns ganz egal ist, ob es ein Trend ist oder nicht.

1 quadratischer Salzstein, 20–25 cm, mindestens 3,8 cm dick

75 g brauner Zucker
½ TL Cayennepfeffer
6 dicke Scheiben Bacon
125 ml Ahornsirup

40 Minuten vor dem Grillen den Salzstein auf eine Seite des kalten Gasgrills legen. Den Grill auf niedriger Stufe anheizen, die Haube schließen und den Stein 20 Minuten erwärmen. Auf mittlere Hitze umschalten und weitere 20 Minuten erhitzen. Ein auf die Mitte des Salzsteins gerichtetes Infrarot-Thermometer sollte etwa 180 °C anzeigen. Alternativ den Holzkohlegrill anheizen und die glühenden Kohlen auf eine Seite schieben. Den Salzstein auf der anderen Seite auf den Rost legen und die Haube schließen. Nach 40 Minuten hat der Stein eine Temperatur von 180 °C und Sie können grillen.

Zucker und Cayennepfeffer auf einem großen Stück Alufolie mischen. Die Baconscheiben darin wenden. Fest andrücken, damit die Mischung gut daran haftet.

Wenn der Salzstein heiß ist, die Baconscheiben nebeneinander auflegen. Die Haube schließen und etwa 10 Minuten garen, bis der Speck knusprige Ränder bekommt. Die Scheiben mit Ahornsirup einpinseln, die Haube wieder schließen und 5 Minuten garen. Der Bacon wird recht knusprig. Wenden, die andere Seite mit Ahornsirup einpinseln und weitere 3–5 Minuten garen, je nachdem, wie knusprig der Bacon werden soll. Mit einem Wender vom Salzstein nehmen, in mundgerechte Stücke schneiden und servieren.

FÜR 4 PERSONEN

HÄHNCHEN – GEGRILLT UNTER DEM SALZ DER ERDE

Wenn Sie meinen, dass Brathähnchen vom Grill dem Vogel nicht gerecht wird, sollten Sie sich bewusst machen, dass wir ihm drei Dinge gleichzeitig abverlangen: saftige Brust, durchgegarte Keulen und eine knusprige Haut. All das lässt sich bewerkstelligen, wenn man es unter einem Salzstein grillt. Der heiße Block auf dem Hähnchen würzt und zersetzt das Bindegewebe, sodass das Fleisch einen unvergleichlichen Geschmack bekommt. Durch das Gewicht werden die unterschiedlich geformten Teile auf die gleiche Stärke gedrückt. Durch die Hitze des Feuers von der einen Seite und den heißen Salzstein von der anderen wird alles perfekt gegart, ohne trocken zu werden. Das Rezept ist für ein großes Hähnchen, also eine Poularde, berechnet.

2 Salzsteine (10 x 20 x 5 cm)

1 Freilandhähnchen, ca. 1800 g
2 EL Olivenöl
4 Knoblauchzehen, der Länge nach halbiert
½ TL grob gemahlener schwarzer Pfeffer
Saft von ½ Zitrone

Eine halbe Stunde vor dem Grillen den Salzstein auf eine Seite eines kalten Gasgrills legen. Den Grill auf niedriger Stufe anheizen, die Haube schließen und den Stein 10 Minuten erwärmen. Auf mittlere Hitze umschalten und weitere 10 Minuten erhitzen. Dann auf hoher Stufe 10 Minuten erhitzen. Ein auf die Mitte des Salzsteins gerichtetes Infrarot-Thermometer sollte etwa 230 °C anzeigen. Alternativ den Holzkohlegrill anheizen und die glühenden Kohlen auf eine Seite schieben. Den Salzstein auf der anderen Seite auf den Rost legen und die Haube schließen. Nach 20 Minuten den Salzstein mit Handschuhen über die heißen Kohlen schieben. Nach 10 Minuten hat der Stein eine Temperatur von 230 °C und Sie können grillen.

Falls vorhanden, den Beutel mit Hals und Innereien aus der Bauchhöhle des Hähnchens entfernen. Das Hähnchen mit der Brustseite nach unten auf ein Schneidebrett legen.

Mit einem Kochmesser oder einer Geflügelschere beiderseits des Rückgrats entlangschneiden. Das Rückgrat entfernen. Die Brustseite des Hähnchens der Länge nach halbieren. Sie haben nun zwei Hälften.

Die Hähnchenhälften unter fließend kaltem Wasser abwaschen und mit Küchenpapier abtupfen. Mit Olivenöl einpinseln und mit den Schnittflächen der Knoblauchzehen einreiben. Dann die Knoblauchzehen unter die Ränder der Haut schieben. Ringsherum mit Pfeffer bestreuen.

Die Hähnchenhälften mit der Haut nach unten direkt über dem Feuer auf den Grill legen. Grillhandschuhe anziehen und auf jede Hälfte einen Salzstein legen. Den Grill schließen und das Hähnchen etwa 10 Minuten garen, bis die Haut knusprig ist und dunkle Streifen hat.

Mit Handschuhen die Salzsteine entfernen. Die Hähnchenhälften mit einer Zange wenden, die Salzsteine wieder auflegen, den Grill schießen und das Hähnchen weitere 15–20 Minuten grillen. Ein Fleischthermometer in die dickste Stelle einer Keule einstechen: Es sollte 77 °C anzeigen.

Die Salzsteine abnehmen. Das Fleisch auf ein sauberes Schneidebrett legen, 10 Minuten ruhen lassen, dann tranchieren. Mit dem Zitronensaft beträufeln und sofort servieren.

FÜR 4 PERSONEN

WARMER MAISSALAT MIT GEGRILLTEM HÄHNCHEN

Dieser Salat besticht durch seine Farben: goldgelber Mais, rote Paprikaschote, dunkelrote Himbeeren, kirschrote Tomaten, burgunderrote Zwiebeln und goldbraunes Hähnchen. Alles wird auf dem Salzstein gegrillt. Er bringt das Aroma jeder einzelnen Zutat perfekt heraus, sodass sie sich in einem köstlichen Salat vereinen können. Die Zutaten werden nacheinander gegrillt und erst danach miteinander gemischt. Der Salat schmeckt am besten lauwarm. Sie können ihn im Backofen warm halten oder in ein Geschirrtuch wickeln, wenn Sie noch mehr auf dem Salzstein grillen möchten.

1 quadratischer Salzstein (20–25 cm)

4 Maiskolben
1 rote Paprikaschote
2 Hähnchenbrustfilets (à ca. 170 g)
½ TL frisch gemahlener schwarzer Pfeffer
2 EL Himbeeressig
125 ml Olivenöl
1 EL fein gehackte Estragonblätter
1 rote Zwiebel, fein gehackt
12 Kirschtomaten, geviertelt
170 g frische Himbeeren

Eine halbe Stunde vor dem Grillen den Salzstein auf eine Seite eines kalten Gasgrills legen. Den Grill auf niedriger Stufe anheizen, die Haube schließen und den Stein 10 Minuten erwärmen. Auf mittlere Hitze umschalten und weitere 10 Minuten erhitzen. Dann auf hoher Stufe 10 Minuten erhitzen. Ein auf die Mitte des Salzsteins gerichtetes Infrarot-Thermometer sollte etwa 230 °C anzeigen. Alternativ den Holzkohlegrill anheizen und die glühenden Kohlen auf eine Seite schieben. Den Salzstein auf der anderen Seite auf den Rost legen und die Haube schließen. Nach 20 Minuten den Salzstein mit Handschuhen über die heißen Kohlen schieben. Nach 10 Minuten hat der Stein eine Temperatur von 230 °C und Sie können grillen.

Die Maiskolben mit Abstand zum Feuer auf den Grill legen. Die Paprikaschote auf den Salzstein legen. Die Haube schließen und ca. 15 Minuten grillen, bis die Paprika rundherum dunkelbraun ist. Dabei alle 4 Minuten wenden. Die Paprika vom Salzstein nehmen und abkühlen lassen. Die Haube des Grills schließen.

Während die Paprikaschote abkühlt, die Hähnchenbrustfilets mit dem schwarzen Pfeffer würzen. Die dicken Enden plattieren, bis sie so dick wie die dünnen Enden sind. Das Fleisch auf den heißen Salzstein legen und mit geschlossener Haube ca. 8 Minuten grillen, bis es gar ist. Nach der Hälfte der Zeit wenden. Mais und Hähnchen vom Grill nehmen.

Die Haut der Paprikaschoten abziehen. Stiel und Kerne entfernen, dann das Fruchtfleisch in 1 cm große Stücke schneiden. Das Fleisch in mundgerechte Stücke schneiden. Die Maiskörner vom Kolben ablösen.

Essig und Öl in einer Servierschüssel verrühren. Estragon, Zwiebel, Tomaten, Mais, Paprika und Fleisch zugeben und alles vermengen. Vorsichtig die Himbeeren unterheben und servieren.

FÜR 4 PERSONEN

GEGRILLTE HÄHNCHENFLÜGEL SZECHUAN-ART

Salz soll eigentlich den Geschmack von Speisen hervorheben. Manchmal hat es auch eine andere Funktion. Befördert man Chicken Wings aus ihrer amerikanischen Heimat über Prärie und Gebirge, dann 10 000 Kilometer weit über den Ozean an eine von Dschungel bewachsene Küste, ist man gut beraten, mit vorgefassten Meinungen darüber aufzuräumen, wie viel Geschmack ein Flügel tragen kann. Salz ist dabei das Geheimnis. Aber Vorsicht: Der Geschmack ist umwerfend. Aus Sicherheitsgründen verwenden wir Szechuan-Pfeffer, dessen Schärfe eine leicht betäubende Wirkung auf die Mundschleimhaut hat. Bitte anschnallen, wir starten!

2 quadratische Salzsteine (20–25 cm) oder 4 Salzsteine (10 x 20 x 5 cm)

2 EL frisch gemahlener schwarzer Pfeffer

4 TL Cayennepfeffer

2 EL zerstoßene Szechuan-Pfefferkörner

4 TL Knoblauchpulver

2 TL Senfpulver

1,3 kg Hähnchenflügel, zerteilt, Spitzen für Brühe verwenden

2 EL Honig

2 EL scharfe Chilisauce

2 EL zerlassene Butter

½ TL feines Meersalz

Schwarzen Pfeffer, Cayennepfeffer, Szechuan-Pfeffer, Knoblauchpulver und Senfpulver in einer großen Schüssel mischen. Die Hähnchenflügel darin wälzen und kalt stellen, bis der Salzstein heiß ist.

Eine halbe Stunde vor dem Grillen den Salzstein auf eine Seite eines kalten Gasgrills legen. Den Grill auf niedriger Stufe anheizen, die Haube schließen und den Stein 10 Minuten erwärmen. Auf mittlere Hitze umschalten und weitere 10 Minuten erhitzen. Dann auf hoher Stufe 10 Minuten erhitzen. Ein auf die Mitte des Salzsteins gerichtetes Infrarot-Thermometer sollte etwa 230 °C anzeigen. Alternativ den Holzkohlegrill anheizen und die glühenden Kohlen auf eine Seite schieben. Den Salzstein auf der anderen Seite auf den Rost legen und die Haube schließen. Nach 20 Minuten den Salzstein mit Handschuhen über die heißen Kohlen schieben. Nach 10 Minuten hat der Stein eine Temperatur von 230 °C und Sie können grillen.

Die Hähnchenflügel auf den heißen Salzstein legen und bei geschlossener Haube von jeder Seite 10 Minuten grillen, bis sie innen nicht mehr rosa sind. Ein Fleischthermometer an der dicksten Stelle einstechen: Es sollte 77 °C anzeigen.

Inzwischen Honig, Chilisauce, zerlassene Butter und Salz in einer großen Schüssel mischen. Die gegrillten Hähnchenflügel in der Mischung wälzen und servieren.

FÜR 4 PERSONEN

TANDOORI-HÄHNCHEN VOM SALZSTEIN

Indien hat eine großartige kulinarische Tradition. Im Tandoor, einem mit Holz beheizten Keramikofen, gelingt Hähnchen ganz hervorragend. Das liegt an der hohen Temperatur des Ofens, aber auch daran, dass die raue Keramikoberfläche der Haut die Feuchtigkeit entzieht, sodass sie herrlich knusprig wird. Beides leistet auch der Salzstein – und zwar besser. Betrachten Sie dieses Rezept als offenen Brief an Indien: Schließt Freundschaft und entdeckt, was für kulinarische Wunder sich mit Salzsteinen aus dem Nachbarland Pakistan bewerkstelligen lassen.

2 quadratische Salzsteine (20–25 cm) oder 4 Salzsteine (10 x 20 x 5 cm)

375 g Naturjoghurt

2 EL frisch gehackter Ingwer

1 EL Paprikapulver edelsüß

1 EL frisch gepresster Limettensaft

½ TL Chiliflocken

2 TL gemahlene Kurkuma

3 Knoblauchzehen, fein gehackt

4 Hähnchenkeulen

1 Salatgurke, geschält, halbiert und in feine Scheiben geschnitten

½ Bund frisch gehackter Koriander

½ TL gemahlener Kreuzkümmel, geröstet

½ TL feines Meersalz

125 g Joghurt mit Ingwer, Paprika, Limettensaft, Chili, Kurkuma und Knoblauch in einem Mixer fein pürieren. In einen großen Zip-Lock-Beutel gießen. Das Fleisch zugeben und in der Mischung wenden. Die Luft aus dem Beutel drücken, den Beutel verschließen und mindestens 4 Stunden (besser über Nacht) in den Kühlschrank legen.

Eine halbe Stunde vor dem Grillen die Salzsteine auf eine Seite eines kalten Gasgrills legen. Den Grill auf niedriger Stufe anheizen, die Haube schließen und die Steine 10 Minuten erwärmen. Auf mittlere Hitze umschalten und weitere 10 Minuten erhitzen. Dann auf hoher Stufe 10 Minuten erhitzen. Ein auf die Mitte des Salzsteins gerichtetes Infrarot-Thermometer sollte etwa 230 °C anzeigen. Die Salzsteine in einen weniger heißen Bereich verschieben. Alternativ den Holzkohlegrill anheizen und die glühenden Kohlen auf eine Seite schieben. Die Salzsteine auf der anderen Seite auf den Rost legen und die Haube schließen. Nach 20 Minuten die Salzsteine mit Handschuhen über die heißen Kohlen schieben. Nach 10 Minuten haben die Steine eine Temperatur von 230 °C und Sie können grillen. Die Salzsteine in einen weniger heißen Bereich des Grills schieben.

Das Fleisch aus der Marinade nehmen und die Marinade entsorgen. Das Fleisch auf die heißen Salzsteine legen und bei geschlossener Haube etwa 45 Minuten grillen. Zwischendurch einmal wenden. Ein Fleischthermometer an der dicksten Stelle einstechen: Es sollte 74 °C anzeigen.

Inzwischen den restlichen Joghurt mit Gurke, Koriander, Kreuzkümmel und Salz verrühren. Das Fleisch mit der Joghurtmischung servieren.

FÜR 4 PERSONEN

GEGRILLTE JAKOBSMUSCHELN MIT CHILI-STREUSELN

Jakobsmuscheln sind die herzhaft-zarten Marshmallows der Natur. Auf dem Salzstein gelingen sie unvergleichlich gut. Die Hitze schließt sofort die Poren, und sie bekommen eine Oberfläche wie aus hauchdünnem Porzellan. Durch Einpinseln mit Barbecue-Sauce wird die Kruste noch köstlicher, weil die leichte Süße ein fantastisches Gegengewicht zum Salz bildet. Mehr braucht man nicht!

1 quadratischer Salzstein (25 cm), mindestens 3,8 cm dick

CHILI-STREUSEL

2 EL Zucker

3 EL Sesam

1 Prise Chiliflocken

½ TL Meersalz

BARBECUE-SAUCE

2 EL Reisessig

2 EL Ketjap Manis (süße Sojasauce) oder Teriyaki-Sauce oder Hoisin-Sauce

2 TL helle Misopaste

1 EL Angostura

2 TL Honig

1 EL dunkles Sesamöl

1 Knoblauchzehe, fein gehackt

½ TL Sambal Oelek (oder andere Chilipaste)

16 Jakobsmuscheln aus Wildfang

½ TL frisch gemahlener schwarzer Pfeffer

2 Frühlingszwiebeln, in feine Ringe geschnitten

1 Zitrone, in 4 Spalten geschnitten

Eine Stunde vor dem Grillen den Salzstein auf eine Seite eines kalten Gasgrills legen. Den Grill auf niedriger Stufe anheizen, die Haube schließen und den Stein 20 Minuten erwärmen. Auf mittlere Hitze umschalten und weitere 20 Minuten erhitzen. Dann auf hoher Stufe 20 Minuten erhitzen. Ein auf die Mitte des Salzsteins gerichtetes Infrarot-Thermometer sollte etwa 290 °C anzeigen. Alternativ den Holzkohlegrill anheizen und die glühenden Kohlen auf eine Seite schieben. Den Salzstein auf der anderen Seite auf den Rost legen und die Haube schließen. Nach 20 Minuten ein Dutzend weitere Kohlestücke auf den Grill geben und den Salzstein mit Handschuhen über die neuen Kohlen schieben. Nach 30 Minuten hat der Stein eine Temperatur von 290 °C und Sie können grillen.

Für die Chili-Streusel den Zucker in einer kleinen beschichteten Pfanne unter ständigem Rühren erhitzen, bis er geschmolzen und bernsteinfarben ist. Den Sesam unterrühren und 30 Sekunden erhitzen. Vom Herd nehmen. Chiliflocken und Salz unterrühren. Die Mischung zum Abkühlen auf einem Stück Backpapier verteilen. Wenn sie kalt ist, in Stücke brechen und mit einem Hammer in reiskorngroße Stücke zerschlagen.

Für die Barbecue-Sauce Reisessig, Ketjap Manis, Misopaste, Angostura, Honig, Sesamöl, Knoblauch und Sambal Oelek in einer kleinen Schüssel verrühren. Die Sauce sollte eine sahnige Konsistenz haben. Wenn sie zu dick ist, mit etwas Wasser verdünnen. Zur Seite stellen.

Die Jakobsmuscheln mit Küchenpapier abtupfen. Falls nötig, die weißen Sehnen entfernen. Die Jakobsmuscheln pfeffern und mit der Hälfte der Barbecue-Sauce einpinseln. Bei Zimmertemperatur stehen lassen, bis der Salzstein heiß ist.

Wenn der Salzstein so heiß ist, dass man die Hand nur wenige Sekunden über ihn halten kann, die Jakobsmuscheln darauflegen und von jeder Seite 2 Minuten grillen, bis sie gebräunt sind und auf Fingerdruck noch leicht nachgeben. Falls nötig, die Muscheln in mehreren Portionen grillen.

Die Muscheln auf Tellern anrichten und mit der restlichen Barbecue-Sauce beträufeln. Mit Chili-Streuseln und Frühlingszwiebelringen garnieren und sofort servieren. Die Zitronenspalten separat dazu reichen.

FÜR 4 PERSONEN

GEGRILLTER FISCH MIT ZITRONENJOGHURT

In den Meeren schwimmen etwa 30 000 Fischarten. Das scheint eine enorme Vielfalt zu sein, tatsächlich machen aber nur zehn Fischarten etwa 90 % der verzehrten Meeresfrüchte aus. Lachs ist zum Grillen besonders beliebt. Auf der Haut gegrillte Lachsfilets vom Salzstein schmecken wirklich erstaunlich gut. Andere Fischarten, die weniger Fett als Lachs enthalten, werden aber leicht zu trocken. Grillt man Fisch jedoch im Ganzen, bleibt er so saftig und aromatisch, dass er sich selbst mit dem frischesten Lachs messen kann. Auf dem Salzstein wird die Haut unvergleichlich knusprig. Die Gelatine, die die Gräten umgibt, schmilzt und dringt ins Fleisch ein. Dadurch bleibt es saftig und aromatisch. Grund genug, die weniger bekannten, aber köstlichen Fischarten einmal zu probieren. Wer die Geschmacksvielfalt der Meere entdecken will, sollte Fisch im Ganzen auf dem Salzstein grillen.

2 quadratische Salzsteine (20–25 cm), mindestens 3,8 cm dick

- 1 eingelegte Salzzitrone, Kerne entfernt und grob gehackt (gut sortierter Supermarkt oder Internethandel)
- ½ Bund frischer Koriander (Blätter und Stiele)
- 2 Knoblauchzehen, grob gehackt
- 3 EL natives Olivenöl extra
- ½ TL frisch gemahlener schwarzer Pfeffer
- 4 ganze, mittelgroße Fische mit wohlschmeckender Haut, z.B. Red Snapper, Pompano, Wolfsbarsch o.ä. (à ca. 450 g)
- 125 g griechischer Joghurt, 10 % Fett
- 2 EL frisch gepresster Zitronensaft

Eine halbe Stunde vor dem Grillen die Salzsteine auf eine Seite eines kalten Gasgrills legen. Den Grill auf niedriger Stufe anheizen, die Haube schließen und die Steine 10 Minuten erwärmen. Auf mittlere Hitze umschalten und weitere 10 Minuten erhitzen. Dann auf hoher Stufe 10 Minuten erhitzen. Ein auf die Mitte des Salzsteins gerichtetes Infrarot-Thermometer sollte etwa 230 °C anzeigen. Die Salzsteine in einen weniger heißen Bereich des Grills schieben. Alternativ den Holzkohlegrill anheizen und die glühenden Kohlen auf eine Seite schieben. Die Salzsteine auf der anderen Seite auf den Rost legen und die Haube schließen. Nach 20 Minuten die Salzsteine mit Handschuhen über die Kohlen schieben. Nach 10 Minuten haben die Steine eine Temperatur von 230 °C und Sie können grillen. Die Salzsteine in einen weniger heißen Bereich des Grills schieben.

Inzwischen Zitrone, Koriander und Knoblauch in einem Mixer fein pürieren. In eine kleine Schüssel geben. Mit 2 Esslöffeln Olivenöl und dem Pfeffer verrühren.

Jeden Fisch auf beiden Seiten zweimal schräg einschneiden. Etwas von der restlichen Zitronenmischung in die Einschnitte geben. Die Innenseiten der Fische mit je 1 Esslöffel der Zitronenmischung bestreichen. Die Fische ringsherum mit dem restlichen Olivenöl einpinseln.

Wenn die Salzsteine heiß sind, auf jeden zwei Fische legen und bei geschlossener Haube 4 Minuten garen. Mit einem großen Wender umdrehen und von der anderen Seite 3 Minuten garen, bis das Fleisch bei geringem Druck zerfällt. Die Fische mit einem Wender auf Teller legen.

Joghurt und Zitronensaft mit der restlichen Zitronenmischung verrühren und als Sauce zu den Fischen servieren.

ERGIBT 4 GEFÜLLTE PITABROTE

LACHSFRIKADELLEN MIT SUMACH UND GRANATAPFELSAUCE

Wenn Sie nach Istanbul reisen, kommen Sie sicherlich ins Stadtviertel Galata. Suchen Sie sich abends einen netten Tisch auf dem Bürgersteig einer belebten Seitenstraße, und trinken Sie ein Glas Raki. Der berühmte Anisschnaps wird mit eiskaltem Wasser verdünnt, manchmal kommt ein einziger Eiswürfel ins Glas. Stehen Sie früh auf, schlendern Sie durch die noch kühlen Straßen und steuern Sie einen Saftstand an, auf dem sich gekühlte Granatäpfel türmen. Der frisch gepresste Saft vertreibt alle Müdigkeit vom Job (oder vom Raki am Vorabend). Gehen Sie weiter über den Fischmarkt und den riesigen Platz vor der Neuen Moschee zum legendären Gewürzbasar, wo es nach Za'atar duftet. Hier gibt es leuchtende Sumachbeeren, gerösteten Sesam und andere Kräuter und Gewürze. Diese Brottaschen sind mit Lachsfrikadellen gefüllt – kulinarisches Neuland, betrachtet durch die kristalline Linse eines Salzsteins.

1 Salzblock (20 x 20 cm) oder zwei Salzziegel (10 x 20 x 5 cm) (Foto siehe Seite 54)

LACHSFRIKADELLE

675 g Lachs, in kleine Würfel geschnitten

1 TL Sojasauce

125 g Hummus

1 Knoblauchzehe, fein gehackt

1 mittelgroße rote Zwiebel, fein gehackt

1 EL gemahlener Sumach

GRANATAPFEL-BBQ-SAUCE

1 mittelgroße Zwiebel, fein gehackt

1 EL Olivenöl

375 ml Granatapfelsaft

3 EL Zuckerrübensirup

1½ EL Himbeeressig

3 EL brauner Zucker

1 Zimtstange, in 3 Stücke gebrochen

2 EL Tomatenmark

JOGHURTSAUCE

2 EL griechischer Joghurt, 10 % Fett

1 EL Tahini

1 TL Za'atar, plus etwas mehr zum Servieren

2 EL frisch gepresster Zitronensaft

½ Knoblauchzehe, fein gehackt

1 EL natives Olivenöl extra

4 Pitabrote, zu Taschen geöffnet

1–2 Handvoll junger Blattspinat

Die Salzsteine auf eine Seite eines kalten Gasgrills legen. Den Grill auf niedriger Stufe anheizen, die Haube schließen und die Steine 10 Minuten erwärmen. Auf mittlere Hitze umschalten und weitere 10 Minuten erhitzen. Dann auf hoher Stufe 10 Minuten erhitzen. Ein auf die Mitte des Salzsteins gerichtetes Infrarot-Thermometer sollte etwa 230 °C anzeigen. Auf mittlere Temperatur umschalten. Die Steine sollen die Hitze halten, aber nicht überhitzt werden. Alternativ den Holzkohlegrill anheizen und die glühenden Kohlen auf eine Seite schieben. Die Salzsteine auf der anderen Seite auf den Rost legen und die Haube schließen. Nach 20 Minuten die Salzsteine mit Handschuhen über die Kohlen schieben. Nach 10 Minuten haben die Steine eine Temperatur von 230 °C und Sie können grillen. Die Salzsteine in einen weniger heißen Bereich des Grills schieben.

Den Lachs so fein hacken, dass die Stücke beim Zusammendrücken mit den Fingern aneinanderhaften (aber nicht fein pürieren). Sie können dafür ein großes Messer oder einen Mixer verwenden. Beim Mixer mit der Pulse-Funktion arbeiten, damit die Masse nicht zu fein wird.

Den Fisch in eine Schüssel geben. Sojasauce, Hummus, Knoblauch, rote Zwiebel und Sumach nur kurz untermischen. Mit leichter Hand vier Frikadellen formen. Sie sollten höchstens 2,5 cm dick sein. Diese in den Kühlschrank legen, bis der Salzstein heiß ist.

Inzwischen für die Barbecue-Sauce das Öl in einem kleinen Topf auf mittlerer Stufe erhitzen und die Zwiebel darin 4 Minuten weich dünsten. Granatapfelsaft, Sirup, Essig, braunen Zucker, Zimt und Tomatenmark unterrühren. Etwa 5 Minuten köcheln lassen, bis die Sauce dicklich und auf etwa 125 ml eingekocht ist. Abkühlen lassen.

Für die Joghurtsauce Joghurt, Tahini, Za'atar, Zitronensaft und Knoblauch in einer kleinen Schüssel verrühren. In den Kühlschrank stellen.

Wenn der Salzstein heiß ist, die Fischfrikadellen großzügig mit Olivenöl einpinseln. Auf den Salzstein legen und bei geschlossener Haube 4 Minuten grillen. Wenden, dann bei geschlossener Haube weitere 3–4 Minuten grillen, bis sie sich fest anfühlen.

In der letzten Minute die Pitabrote auf den Grillrost legen und von jeder Seite etwa 40 Sekunden rösten.

In jedes Pitabrot etwas Joghurtsauce füllen. Dann folgen Spinat, nochmals Joghurtsauce und eine Fischfrikadelle. Mit Barbecue-Sauce beträufeln und mit Za'atar bestreuen. Falls die Saucen nicht verbraucht werden, können Sie separat dazu serviert werden.

FÜR 6 PERSONEN

PAELLA VOM SALZSTEIN

Das Beste an einer Paella ist der sogenannte Socarrat, die knusprige Schicht aus Reis und Brühe, die sich am Pfannenboden absetzt und mit einem Metalllöffel abgeschabt wird. Eine Paella ohne Socarrat ist nicht mehr als Reis mit Meeresfrüchten. Auf dem Salzstein lässt sich die Bildung des Socarrat gar nicht vermeiden. Eine gute Paella punktet mit der Mischung konzentrierter Aromen, dem kernigen Biss und natürlich dem herrlichen Duft von Safran und Kräutern. Für diese Version werden die Zutaten auf dem Salzstein gegrillt und erst dann in die Paellapfanne gegeben. Hähnchen, Chorizo und Garnelen bleiben dadurch zart und saftig.

1 quadratischer Salzstein, 20–25 cm, mindestens 3,8 cm dick, oder 4 Salzziegel (10 x 20 cm), nebeneinander gelegt (Foto siehe Seite 55)

450 g Hähnchenkeulen ohne Haut und Knochen

450 g große Garnelen, geschält und entdarmt

450 g kleine Tintenfische, küchenfertig

3 EL natives Olivenöl extra

frisch gemahlener schwarzer Pfeffer

120 g rohe Chorizo, der Länge nach halbiert

2–3 rote Zwiebeln, gewürfelt

1 EL frisch gehackter Knoblauch

400 g Paella-Reis

1 l Fischfond, Hühner- oder Gemüsebrühe

2 Dosen gewürfelte Tomaten (480 g Abtropfgewicht)

1 Lorbeerblatt

1 TL getrockneter Salbei

1 EL Tomatenmark

1 TL Safranfäden

½ TL Chiliflocken

75 g Erbsen, frisch oder TK

½ Bund glatte Petersilie, frisch gehackt

2 Zitronen, jede in 6 Spalten geschnitten

24 grüne Oliven, am besten Manzanilla

Eine Stunde vor dem Grillen die Salzsteine auf eine Seite eines kalten Gasgrills legen. Den Grill auf niedriger Stufe anheizen, die Haube schließen und die Steine 20 Minuten erwärmen. Auf mittlere Hitze umschalten und weitere 20 Minuten erhitzen. Dann auf hoher Stufe 20 Minuten erhitzen. Ein auf die Mitte des Salzsteins gerichtetes Infrarot-Thermometer sollte etwa 290 °C anzeigen. Eine große Paellapfanne oder Eisenpfanne auf den Bereich des Grills stellen, der nicht direkt über dem Feuer liegt. Alternativ den Holzkohlegrill anheizen und die glühenden Kohlen auf eine Seite schieben. Die Salzsteine auf der anderen Seite auf den Rost legen und die Haube schließen. Nach 20 Minuten ein Dutzend weitere Kohlestücke auf den Grill geben und die Salzsteine mit Handschuhen über die neuen Kohlen schieben. Nach 30 Minuten haben die Steine eine Temperatur von 290 °C und Sie können grillen. Eine große Paellapfanne oder Eisenpfanne auf den Bereich des Grills stellen, der nicht direkt über dem Feuer liegt.

In separaten Schüsseln Hähnchenfleisch, Garnelen und Tintenfische in je 1 Teelöffel Olivenöl wenden und mit Pfeffer würzen. Die Chorizostücke auf dem heißen Salzstein 2 Minuten garen, bis sie gerade nicht mehr roh aussehen. Auf ein Schneidebrett legen. Dann das Hähnchenfleisch von jeder Seite etwa 4 Minuten bei geschlossener Haube grillen. Auf ein Schneidebrett legen. Garnelen und Tintenfische ebenso von jeder Seite 2–3 Minuten hellbraun grillen.

Speisereste mit einer Drahtbürste vom Salzstein entfernen. Eine große Pfanne oder Paellapfanne auf den Salzstein stellen. Er verteilt die Hitze, sodass die Paella gleichmäßig gart. Das restliche Olivenöl in die Pfanne geben. Zwiebel und Knoblauch darin unter häufigem Rühren 4 Minuten glasig dünsten. Den Reis zugeben und 30 Sekunden rühren. Brühe, Tomaten, Lorbeerblatt, Salbei, Tomatenmark, Safran, Chiliflocken und etwas schwarzen Pfeffer unterrühren. Den Grill abdecken und die Paella etwa 10 Minuten garen, bis der Reis die Hälfte der Flüssigkeit aufgesogen hat.

Inzwischen das Fleisch in mundgerechte Stücke schneiden. Die Chorizo in 2,5 cm lange Stücke und den Tintenfisch in Stücke oder Ringe schneiden. Auf den köchelnden Reis legen und die Erbsen darüber verteilen. Abdecken und die Paella etwa 15 Minuten garen, bis der Reis die gesamte Flüssigkeit aufgesogen hat. Auf dem Boden der Pfanne hat sich jetzt eine Kruste gebildet.

Vom Grill nehmen. Mit Petersilie, Zitronenschnitzen und Oliven garnieren und sofort servieren.

FÜR 4 PERSONEN

GEGRILLTES GEMÜSE MIT VINAIGRETTE

Gemüse wird auf dem Salzstein immer nach dem gleichen Prinzip gegrillt, nur in Bezug auf Temperatur und Garzeit gibt es Unterschiede. Das Gemüse wird in gleichmäßige Stücke geschnitten, damit alles gleichzeitig gar wird. Es wird großzügig mit Öl eingepinselt, damit es nicht zu viel Salz aufnimmt, und damit es sich durch Sauerstoffkontakt nicht verfärbt. Dann muss es nur noch auf den heißen Salzstein gelegt werden. So einfach ist das.

1 quadratischer Salzstein, 20–25 cm, mindestens 3,8 cm dick, oder mehrere kleine Salzziegel (10 x 20 x 5 cm) (Tabelle der Garzeiten siehe Buchumschlag hinten)

VINAIGRETTE

- 3 EL Apfelessig
- 1 Schalotte, fein gehackt
- 2 EL Walnuss- oder Haselnussöl
- 1 EL natives Olivenöl extra
- ½ TL frisch gemahlener schwarzer Pfeffer
- 2 EL herbe Aromazutat nach Wahl (z. B. Zitrone, Sellerie, Ingwer, Kardamom, Grapefruit oder eine beliebige Mischung)
- 1 TL Angostura

GEMÜSE

- 450 g Gemüse nach Wahl, geputzt und in Stücke geschnitten
- 1 EL Pflanzenöl (z. B. Olivenöl, Raps-, Distel-, Traubenkern- oder Maiskeimöl)

Eine halbe Stunde vor dem Grillen den Salzstein auf eine Seite eines kalten Gasgrills legen. Den Grill auf niedriger Stufe anheizen, die Haube schließen und den Stein 10 Minuten erwärmen. Auf mittlere Hitze umschalten und weitere 10 Minuten erhitzen. Dann auf hoher Stufe 10 Minuten erhitzen. Ein auf die Mitte des Salzsteins gerichtetes Infrarot-Thermometer sollte etwa 230 °C anzeigen. Auf mittlere Hitze herunterschalten.

Alternativ den Holzkohlegrill anheizen und die glühenden Kohlen auf eine Seite schieben. Den Salzstein auf der anderen Seite auf den Rost legen und die Haube schließen. Nach 20 Minuten den Salzstein mit Handschuhen über die Kohlen schieben. Nach 10 Minuten hat der Stein eine Temperatur von 230 °C und Sie können grillen. Den Salzstein mit Handschuhen in einen kühleren Bereich des Grills schieben.

Während der Salzstein aufgeheizt wird, die Vinaigrette zubereiten. Essig und Schalotte in eine kleinen Schüssel geben und 10 Minuten stehen lassen. Die restlichen Zutaten bereitstellen. Öle, Pfeffer, Aromazutaten und Angostura zugeben und gut umrühren.

Das Gemüse nebeneinander auf den heißen Salzstein legen. Die Haube schließen und das Gemüse garen. Nach der Hälfte der Garzeit mit einem langstieligen Wender umdrehen. Je nach Größe des Salzsteins muss das Gemüse eventuell in Portionen gegart werden.

Das Gemüse auf eine Servierplatte legen. Die Vinaigrette durchrühren und über das Gemüse träufeln. Sofort servieren.

FÜR 4 PERSONEN

WASSERMELONENSALAT VOM SALZSTEIN

Wir empfinden Wassermelone als süß, dabei enthält sie weniger Zucker als alle anderen Melonenarten. Interessanterweise ist auch ihr Natriumgehalt gering – und daran liegt es, dass sie trotz des geringen Zuckergehalts süß schmeckt. Wenige Minuten auf dem heißen Salzstein genügen, um das Verhältnis süßer und salziger Anteile ins Gleichgewicht zu bringen. Dann schmeckt die vermeintlich süße Melone plötzlich viel interessanter.

1 quadratischer Salzstein, 20–25 cm, mindestens 3,8 cm dick

185 ml Balsamico

2 EL Butter

1 Scheibe Wassermelone aus der Mitte (quer geschnitten), ca. 4 cm dick

½ Bund Minze, gehackt

2 EL natives Olivenöl extra

2 EL frisch gepresster Limettensaft

1 EL rosa Pfefferkörner, zerdrückt

1 große reife Tomate, entkernt und in 1 cm große Würfel geschnitten

1 Salatgurke, geschält, entkernt und in 1 cm große Würfel geschnitten

1 kleine rote Zwiebel, in 1 cm große Würfel geschnitten

6 Kalamata-Oliven, entsteint und fein gehackt

120 g Schafskäse, zerbröselt

Den Balsamico in einem kleinen Topf bei mittlerer Hitze köcheln lassen, bis er auf 125 ml eingekocht ist. An Ende der Kochzeit gut aufpassen, er brennt leicht an. Vom Herd nehmen, die Butter unterrühren und den Essig 10 Minuten abkühlen lassen.

Die grüne und weiße Schale der Wassermelone abschneiden, dann die Scheibe in vier Tortenstücke schneiden. In einen großen Zip-Lock-Beutel geben. Den eingekochten Balsamico und 1 Esslöffel Minze zufügen. Den Beutel bewegen, sodass die Melone rundherum vom Balsamico benetzt ist. Die Luft aus dem Beutel drücken, dann den Beutel schließen und die Melone 1–2 Stunden bei Zimmertemperatur marinieren.

Eine halbe Stunde vor dem Grillen den Salzstein auf eine Seite eines kalten Gasgrills legen. Den Grill auf niedriger Stufe anheizen, die Haube schließen und den Stein 10 Minuten erwärmen. Auf mittlere Hitze umschalten und weitere 10 Minuten erhitzen. Dann auf hoher Stufe 10 Minuten erhitzen. Ein auf die Mitte des Salzsteins gerichtetes Infrarot-Thermometer sollte etwa 230 °C anzeigen.

Alternativ den Holzkohlegrill anheizen und die glühenden Kohlen auf eine Seite schieben. Den Salzstein auf der anderen Seite auf den Rost legen und die Haube schließen. Nach 20 Minuten den Salzstein mit Handschuhen über die Kohlen schieben. Nach 10 Minuten hat der Stein eine Temperatur von 230 °C und Sie können grillen. Den Salzstein mit Handschuhen auf die kühlere Seite des Grills schieben.

Die Wassermelone aus dem Beutel nehmen. Die restliche Marinade aus dem Beutel in eine große Salatschüssel gießen. Mit Olivenöl, Limettensaft und rosa Pfeffer verquirlen. Die Wassermelonenstücke auf dem heißen Salzstein von jeder Seite 2 Minuten garen. Auf ein Schneidebrett legen, der Länge nach halbieren und dann in 1,5 cm große Würfel schneiden.

Die Melonenstücke mit Tomate, Gurke, roter Zwiebel, Oliven und der restlichen Minze in die Salatschüssel geben und mischen. Den Käse zufügen und nochmals mischen. Sofort servieren oder einige Stunden in den Kühlschrank stellen.

FÜR 4 PERSONEN

RAUCHIGE PILZE MIT KORINTHEN UND KIEFERNNADELN

Pilze werden gern als pflanzliches Fleisch bezeichnet, und tatsächlich stehen sie bei Veganern, die auf herzhafte Aromen nicht verzichten mögen, hoch im Kurs. Der »fleischige« Geschmack von Pilzen erklärt sich dadurch, dass sie Glutamat enthalten. Durch das Grillen auf dem Salzstein kommt dieser Geschmack hervorragend zur Geltung. Weil Pilze relativ viel Wasser enthalten, werden sie durch die Einwirkung von Hitze und Salz schnell dehydriert. Dadurch bekommen sie einen festen Biss und einen kräftigen Geschmack, der selbst einen ans Knochenabnagen gewöhnten Neandertaler begeistern würde. Wahrscheinlich haben sie vor ihrer Höhle gekauert und Pilze nach genau diesem Rezept verspeist. Geeignet sind ungespritzte Kiefern- oder Fichtennadeln. Junge Nadeln sind kleiner, heller und zarter.

1 quadratischer Salzstein, 20–25 cm, mindestens 3,8 cm dick

100 g getrocknete Korinthen

1 Handvoll junge Kiefernnadeln oder frische Rosmarinnadeln

350 g frische Pfifferlinge (oder andere Wildpilze), der Länge nach halbiert

2 Schalotten, in dünne Ringe geschnitten

½ TL frisch gemahlener schwarzer Pfeffer

2 EL natives Olivenöl extra

Eine Stunde vor dem Grillen den Salzstein auf eine Seite eines kalten Gasgrills legen. Den Grill auf niedriger Stufe anheizen, die Haube schließen und den Stein 20 Minuten erwärmen. Auf mittlere Hitze umschalten und weitere 20 Minuten erhitzen. Dann auf hoher Stufe 20 Minuten erhitzen. Ein auf die Mitte des Salzsteins gerichtetes Infrarot-Thermometer sollte etwa 290 °C anzeigen. Alternativ den Holzkohlegrill anheizen und die glühenden Kohlen auf eine Seite schieben. Den Salzstein auf der anderen Seite auf den Rost legen und die Haube schließen. Nach 20 Minuten ein Dutzend weitere Kohlestücke auf den Grill geben und den Salzstein mit Handschuhen über die neuen Kohlen schieben. Nach 30 Minuten hat der Stein eine Temperatur von 290 °C und Sie können grillen.

Während sich der Salzstein aufheizt, die Korinthen und 2 Esslöffel Kiefernnadeln in einem kleinen Topf mit Wasser bedecken und zum Kochen bringen. Vom Herd nehmen. 10 Minuten warten, dann abgießen.

Die restlichen Kiefernnadeln auf einem großen Stück Alufolie verteilen.

Pilze, Schalotten und Pfeffer in einer Schüssel mischen. Wenn der Salzstein heiß ist, die Folie mit den Kiefernnadeln direkt auf die Holzkohlen oder die Hitzeverteiler des Gasgrills legen.

Die Oberfläche des Salzsteins mit 1 Esslöffel Öl einpinseln. Pilze und Schalotten auf dem Stein verteilen und 4 Minuten braten, bis die Pilze nicht mehr roh aussehen. Zwischendurch den Salzstein mit einem Metallspatel abschaben. Alles vom Stein nehmen, mit den aufgekochten Korinthen und Kiefernnadeln sowie 1 Esslöffel Öl mischen. Sofort servieren.

FÜR 6 PERSONEN

BÁNH-MÌ-SANDWICH MIT TOFU

Als die Franzosen im Jahr 1887 Vietnam besetzten, hatten sie Baguette, Pâté und Mayonnaise im Gepäck. Sie brachten auch den Katholizismus, den architektonischen Imperialismus von Auguste Henri Vildieu und die romantischen Balladen mit. Das einzig Gute ist: Die Vietnamesen nahmen die kulinarischen Mitbringsel, gaben Fischsauce, Koriander, und gegrilltes Schweinefleisch dazu – fertig war Bánh mì. Hätten die Vietnamesen auf das Fleisch verzichtet und einen Salzstein benutzt, wäre dieses Sandwich noch heute in aller Munde.

1 quadratischer Salzstein, 20–25 cm, mindestens 3,8 cm dick

TOFU

400 g schnittfester Tofu

1 EL salzreduzierte Sojasauce

2 TL dunkles Sesamöl

2 Stängel Zitronengras, geschält und fein gehackt

DRESSING

1 EL Zucker

½ TL feines Meersalz

125 ml Reisessig

1 EL Fischsauce

1 mittelgroße Karotte, geschält und in dünne Stifte geschnitten

SCHARFE MAYO

2 EL frisch gepresster Limettensaft

3 EL Mayonnaise

2 TL Sriracha (scharfe Sauce)

SANDWICH

1 Baguette, der Länge nach halbiert

Pflanzenöl-Spray

1 Salatgurke, der Länge nach halbiert und in dünne Scheiben geschnitten

6 Radieschen, in feine Scheiben geschnitten

½ Bund frischer Koriander

Eine halbe Stunde vor dem Grillen den Salzstein auf eine Seite eines kalten Gasgrills legen. Den Grill auf niedriger Stufe anheizen, die Haube schließen und den Stein 10 Minuten erwärmen. Auf mittlere Hitze umschalten und weitere 10 Minuten erhitzen. Dann auf hoher Stufe 10 Minuten erhitzen. Ein auf die Mitte des Salzsteins gerichtetes Infrarot-Thermometer sollte etwa 230 °C anzeigen. Alternativ den Holzkohlegrill anheizen und die glühenden Kohlen auf eine Seite schieben. Den Salzstein auf der anderen Seite auf den Rost legen und die Haube schließen. Nach 20 Minuten den Salzstein mit Handschuhen über die Kohlen schieben. Nach 10 Minuten hat der Stein eine Temperatur von 230 °C und Sie können grillen.

Während sich der Salzstein aufheizt, den Tofu in sechs Scheiben schneiden. Ein Backblech mit Rand mit mehreren Lagen Küchenpapier auslegen. Die Tofuscheiben nebeneinander darauflegen, mit einem zweiten Backblech bedecken und beschweren (z. B. mit einer Gusseisenpfanne oder zwei großen Konservendosen). 15 Minuten stehen lassen.

Inzwischen Sojasauce, Sesamöl und Zitronengras in einer kleinen Schüssel verrühren. Den gepressten Tofu vom Blech nehmen, mit der Sojamischung einpinseln und 10 Minuten stehen lassen.

Für das Dressing 125 ml Wasser mit Zucker und Salz in einer kleinen Schüssel verrühren, bis der Zucker aufgelöst ist. Essig, Fischsauce und Karotte einrühren.

In einer anderen Schüssel für die scharfe Mayo Limettensaft, Mayonnaise und Sriracha verrühren.

Wenn der Salzstein heiß ist, die Tofuscheiben mit Küchenpapier abtupfen und nebeneinander mit geschlossener Haube von jeder Seite 3 Minuten grillen. Nach dem Wenden des Tofus die Schnittflächen des Brots mit Öl einsprühen. Mit der Schnittfläche nach unten mit Abstand zum Feuer auf den Grillrost legen. Dann alles vom Grill nehmen und auf einer großen Platte anrichten.

Das Unterteil des Brots auf ein Schneidebrett legen. Mit der scharfen Mayo bestreichen. Mit Tofuscheiben, Gurkenscheiben, Radieschenscheiben und Koriander belegen. Mit dem Dressing beträufeln und das Oberteil des Brots daraufgeben. Kräftig zusammendrücken. Das Brot mit einem Brotmesser in 6 Stücke schneiden und servieren.

FÜR 6 PERSONEN

PIKANTE EDAMAME MIT SESAM UND SCHWARZEM PFEFFER

Getrocknete Bohnen müssen oft stundenlang kochen, bis sie weich werden. Frische, junge Sojabohnen oder Edamame sind auf einem heißen Salzstein in wenigen Minuten gar. Bereitet man die Bohnen auf dem Grill zu, kommt der Kontrast aus süßen und rauchigen Aromen besonders gut zur Geltung. Man kann den Salzstein aber auch auf einen Keramikuntersetzer setzen und die Bohnen auf dem Tisch zubereiten. Wer sich nicht entscheiden kann, stellt den gedeckten Tisch direkt neben den Grill.

1 quadratischer Salzstein, 20–25 cm, mindestens 3,8 cm dick

- 450 g gefrorene Edamame in den Schoten, aufgetaut
- 1 TL Sesamöl
- 1 EL weiße Sesamsaat
- 1 TL schwarze Pfefferkörner, zerstoßen
- 1 TL Rauchsalz
- 6 Perilla- oder Sesamblätter (alternativ Salatblätter), in feine Streifen geschnitten

Eine Stunde vor dem Grillen den Salzstein auf eine Seite eines kalten Gasgrills legen. Den Grill auf niedriger Stufe anheizen, die Haube schließen und den Stein 20 Minuten erwärmen. Auf mittlere Hitze umschalten und weitere 20 Minuten erhitzen. Dann auf hoher Stufe 20 Minuten erhitzen. Ein auf die Mitte des Salzsteins gerichtetes Infrarot-Thermometer sollte etwa 290 °C anzeigen. Alternativ den Holzkohlegrill anheizen und die glühenden Kohlen auf eine Seite schieben. Den Salzstein auf der anderen Seite auf den Rost legen und die Haube schließen. Nach 20 Minuten ein Dutzend weitere Kohlestücke auf den Grill geben und den Salzstein mit Handschuhen über die neuen Kohlen schieben. Nach 30 Minuten hat der Stein eine Temperatur von 290 °C und Sie können grillen.

Währenddessen die Edamame-Schoten mit Küchenpapier abtupfen, bis sie ganz trocken sind. Mit dem Sesamöl mischen.

Sesamsaat, Pfefferkörner, Rauchsalz und Perillablätter in einer Servierschüssel mischen und zur Seite stellen.

Die Edamame-Schoten in einer Schicht auf dem Salzstein verteilen und von jeder Seite etwa 2 Minuten garen, bis sie blasig werden. Mit einer Zange oder einem Wender umdrehen. Falls nötig, die Edamame in Portionen garen. Mit den übrigen Salatzutaten mischen und sofort servieren. Die Gäste lösen die Kerne selbst aus den Schoten.

FÜR 4 PERSONEN

MINI-PAPRIKASCHOTEN MIT HARISSA

Im botanischen Sinn sind Paprikaschoten Früchte, und man gart sie im Grunde wie Ananas, Kirschen oder Orangen: je heißer und schneller, desto besser. Also heizen Sie den Salzstein gut auf, und lassen Sie Hitze und Salz ihre Arbeit tun. Die Paprikaschoten werden herrlich zart und aromatisch. Harissa ist eine nordafrikanische scharfe Gewürzmischung, die meist als Paste verwendet wird. Hier werden die Gewürze trocken verarbeitet und bilden einen reizvollen Kontrast zur Süße der Paprikaschoten. Dazu schmecken Toast mit Avocado, gedünsteter junger Kohl, ein gegrilltes Steak oder Bánh mì vom Salzstein (siehe Seite 64).

1 quadratischer Salzstein, 20–25 cm, mindestens 3,8 cm dick

½ TL Kreuzkümmel
½ TL Koriandersamen
½ TL Kümmel
2 TL rote Chiliflocken, zerdrückt
1 Msp. Knoblauchpulver
½ TL geräuchertes Paprikapulver
2 Knoblauchzehen, abgezogen
24 Mini-Paprikaschoten (rot, gelb, orange)
1 EL Olivenöl
mehrere Prisen grobes Meersalz

Eine Stunde vor dem Grillen den Salzstein auf eine Seite eines kalten Gasgrills legen. Den Grill auf niedriger Stufe anheizen, die Haube schließen und den Stein 20 Minuten erwärmen. Auf mittlere Hitze umschalten und weitere 20 Minuten erhitzen. Dann auf hoher Stufe 20 Minuten erhitzen. Ein auf die Mitte des Salzsteins gerichtetes Infrarot-Thermometer sollte etwa 290 °C anzeigen. Alternativ den Holzkohlegrill anheizen und die glühenden Kohlen auf eine Seite schieben. Den Salzstein auf der anderen Seite auf den Rost legen und die Haube schließen. Nach 20 Minuten ein Dutzend weitere Kohlestücke auf den Grill geben und den Salzstein mit Handschuhen über die neuen Kohlen schieben. Nach 30 Minuten hat der Stein eine Temperatur von 290 °C und Sie können grillen.

Inzwischen eine kleine Gusseisenpfanne auf mittlerer Stufe erhitzen. Kreuzkümmel und Koriander darin 2–3 Minuten unter ständigem Rühren rösten, bis sie duften. Vom Herd nehmen und abkühlen lassen. Zusammen mit Kümmel und Chiliflocken in einer Gewürzmühle oder einem Mörser fein mahlen. In eine kleine Schüssel geben. Knoblauch- und Paprikapulver unterrühren. Zur Seite stellen.

Wenn der Salzstein heiß ist, die Knoblauchzehen von jeder Seite 30 Sekunden grillen. Vom Salzstein nehmen und grob hacken. Die Paprikaschoten nebeneinander auf den Salzstein legen und von einer Seite etwa 3 Minuten garen, bis die Haut Blasen wirft und dunkle Flecken bekommt. Wenden und die anderen Seiten ebenso grillen. Die heißen Paprikaschoten mit dem Öl, den gemahlenen Gewürzen und einer Prise Meersalz mischen. Abschmecken. Wenn die Paprika nicht genug Salz vom Salzstein angenommen haben, mit weiterem Salz nachwürzen.

FÜR 4 PERSONEN

FLAMBIERTE BANANEN MIT WHISKY-KARAMELL

Flambierte Bananen mit Vanilleeis und Karamellsauce sind in Nordamerika äußerst beliebt und sind in Restaurants als »Bananas Foster« bekannt. Auch nach dem Grillen auf dem Salzstein werden sie flambiert, allerdings schmecken sie durch die salzige Note ungleich interessanter. Der natürliche Zucker im Fruchtfleisch der Bananen karamellisiert auf dem Salzstein, sodass Salzkaramell-Bananen entstehen. Zum Servieren werden sie mit einem alkoholisierten Sirup flambiert. Einfach nur zum Dahinschmelzen!

1 quadratischer Salzstein, 20–25 cm, mindestens 3,8 cm dick

4 Bananen, geschält und der Länge nach halbiert
1 EL frisch gepresster Zitronensaft
90 g dunkelbrauner Zucker
125 ml Kaffee oder Chai-Tee
115 g Butter
125 ml Whisky
1 Msp. gemahlener Zimt
400 ml Vanilleeis
frisch gemahlener schwarzer Pfeffer (nach Belieben)

Eine halbe Stunde vor dem Grillen den Salzstein auf eine Seite eines kalten Gasgrills legen. Den Grill auf niedriger Stufe anheizen, die Haube schließen und den Stein 10 Minuten erwärmen. Auf mittlere Hitze umschalten und weitere 10 Minuten erhitzen. Dann auf hoher Stufe 10 Minuten erhitzen. Ein auf die Mitte des Salzsteins gerichtetes Infrarot-Thermometer sollte etwa 230 °C anzeigen. Alternativ den Holzkohlegrill anheizen und die glühenden Kohlen auf eine Seite schieben. Den Salzstein auf der anderen Seite auf den Rost legen und die Haube schließen. Nach 20 Minuten den Salzstein mit Handschuhen über die Kohlen schieben. Nach 10 Minuten hat der Stein eine Temperatur von 230 °C und Sie können grillen.

Während sich der Salzstein aufheizt, die Bananen rundherum mit Zitronensaft einpinseln und mit 2 Esslöffeln braunem Zucker bestreuen. Zur Seite stellen.

Den Kaffee in einer großen Pfanne bei mittlerer Hitze zum Kochen bringen. Den restlichen braunen Zucker hineingeben und rühren, bis er aufgelöst ist. Auf niedrige Hitze umschalten, die Butter zugeben und rühren, bis sie geschmolzen ist. Wenn der Salzstein heiß ist, alles außer Eiscreme und Pfeffer mit an den Grill nehmen.

Die Bananen auf dem heißen Stein von jeder Seite etwa 2 Minuten garen. In die Pfanne legen. Die Pfanne auf den Salzstein stellen und erhitzen, bis der Zuckersirup brodelt. Mit einem Esslöffel etwas Sirup über die Bananen träufeln.

Den Whisky in die Pfanne gießen und zurücktreten – er entzündet sich. Sie können warten, bis die Flammen verlöschen oder sie mit einem Pfannendeckel ersticken. Die Bananen mit dem Zimt bestreuen.

Zum Servieren zwei Bananenhälften auf einen tiefen Teller geben. Mit einer oder zwei Kugeln Vanilleeis anrichten und alles mit dem Kaffeesirup beträufeln. Nach Belieben mit etwas schwarzem Pfeffer bestreuen. Sofort servieren.

FÜR 6 PERSONEN

RACLETTE

Raclette ist eins der besten Dinge, die je mit einem Milchprodukt erfunden wurden. Der Name leitet sich von dem französischen Wort racler (kratzen) ab, denn der Käse wird erhitzt und abgeschabt, während er schmilzt. Traditionell schmolz man ihn am offenen Feuer, heute wird meist ein elektrisches Gerät verwendet. Stellen Sie sich vor, die orangerote »Nacho-Sauce«, die man in Kinos zu Tortilla-Chips bekommt, wäre handwerklich gefertigter Käse aus Milch von Braunvieh, das auf Almwiesen grast. Stellen Sie sich weiter vor, statt trockener Chips gäbe es zu dem geschmolzenen Käse junge Kartöffelchen, frisches Brot, hauchdünne Schinkenscheiben und eingelegtes Gemüse. Und wenn der Käse dann noch die perfekte Dosis Salz enthält, braucht man nur noch reichlich gut gekühlten Weißwein.

1 quadratischer Salzstein, 20–25 cm, mindestens 3,8 cm dick

1 runder Salzstein, 23 cm Durchmesser, mindestens 3,8 cm dick

24 kleine, sehr junge Kartoffeln (gelb- oder rotschalig)

1 EL Rapsöl (oder anderes mildes Pflanzenöl)

frisch gemahlener schwarzer Pfeffer

12 Schalotten, abgezogen

18 mitteldicke Stangen grüner Spargel

6 Scheiben Prosciutto, gedrittelt (nach Belieben)

12 Cornichons

450 g Raclette-Käse ohne Rinde, in 6 Scheiben geschnitten

Paprikapulver

1 Baguette, in Scheiben geschnitten

mittelscharfer Senf zum Servieren

Eine halbe Stunde vor dem Grillen den eckigen Salzstein auf eine Seite eines kalten Gasgrills legen. Den Grill auf niedriger Stufe anheizen, die Haube schließen und den Stein 10 Minuten erwärmen. Auf mittlere Stufe umschalten und weitere 10 Minuten erhitzen. Dann auf hoher Stufe 10 Minuten erhitzen. Ein auf die Mitte des Salzsteins gerichtetes Infrarot-Thermometer sollte etwa 230 °C anzeigen. Auf mittlere Hitze herunterschalten. Den Salzstein auf die kühlere Seite des Grills schieben.

Alternativ den Holzkohlegrill anheizen und die glühenden Kohlen auf eine Seite schieben. Den Salzstein auf der anderen Seite auf den Rost legen und die Haube schließen. Nach 20 Minuten den Salzstein mit Handschuhen über die Kohlen schieben. Nach 10 Minuten hat der Stein eine Temperatur von 230 °C und Sie können grillen. Den Salzstein auf die kühlere Seite des Grills schieben.

Während sich die Salzsteine aufheizen, das Gemüse vorbereiten. Die Kartoffeln der Länge nach in dicke Scheiben schneiden. Mit der Hälfte des Öls mischen und mit Pfeffer würzen. Die Schalotten der Länge nach in 1 cm dicke Streifen schneiden. Die harten Enden vom Spargel abschneiden, dann jede Stange in ein Stück Prosciutto wickeln. Mit dem restlichen Öl einpinseln und mit Pfeffer würzen.

Das Gemüse portionsweise bei geschlossener Haube auf dem heißen Salzstein garen. Die Kartoffeln von jeder Seite etwa 4 Minuten garen, bis sie sich mit einer Gabel leicht einstechen lassen. Die Schalotten von

jeder Seite 2 Minuten garen, bis sie leicht gebräunt sind. Den Spargel von jeder Seite 3 Minuten garen, bis er leuchtend grün ist und leichte Röstspuren zeigt.

Das gegarte Gemüse auf einer großen Servierplatte oder auf einem Brett anrichten. Die Cornichons ebenfalls darauf verteilen.

Die Käsescheiben kreisförmig auf dem runden Salzstein auslegen und erhitzen, bis sie geschmolzen und an den Rändern braun sind. Den runden Salzstein mit Grillhandschuhen in die Mitte der Servierplatte legen. Den Käse mit einem stabilen Wender umdrehen.

Zum Servieren den Käse mit Paprikapulver bestreuen. Die Servierplatte und das Brot in die Mitte des Tischs stellen. Jeder Gast schabt nun mit einem Messer etwas geschmolzenen Käse auf Gemüse, Kartoffeln oder Brot und nimmt nach Belieben Senf dazu.

FÜR 4 PERSONEN

GEGRILLTER ROMANASALAT MIT EIERN UND PARMESANSPÄNEN

Wer einen gültigen Führerschein besitzt, kann sich einen kleinen LKW mieten. Weitere Kenntnisse sind nicht nötig. Wenn Sie also einen Typen in einem Lastwagen sehen, bringen Sie sich lieber in Sicherheit. Vielleicht weiß er nicht genau, was er tut. So einfach ist das Grillen von Blattsalat leider nicht. Einzeln werden die Blätter schlaff oder verbrennen in Sekunden. Grillt man den Kopf, kann die Außenseite verkohlen, aber die inneren Blätter bleiben schön saftig und nehmen das Raucharoma schnell an. Rohen Romanasalat kennt jeder, aber gegrillt schmeckt er völlig anders: nicht wässrig und erfrischend, sondern herzhaft, fast fleischig. Auf dem Salzstein gelingt er besonders gut. Weitere Kenntnisse sind nicht nötig.

1 quadratischer Salzstein, 20–25 cm, mindestens 3,8 cm dick

1 Knoblauchzehe, fein gehackt
3 Sardellenfilets, fein gehackt
1 TL mittelscharfer Senf
5 EL natives Olivenöl extra
Saft von 1 Zitrone
frisch gemahlener schwarzer Pfeffer
1 Kopf Romanasalat, lose Blätter entfernt, der Länge nach geviertelt
30 g frisch geriebener Parmesan
4 große Eier, jedes in eine Ramequinform oder Teetasse geschlagen
3 EL Parmesanspäne
1 TL grobes Meersalz (nach Belieben)

Eine halbe Stunde vor dem Grillen den Salzstein auf eine Seite eines kalten Gasgrills legen. Den Grill auf niedriger Stufe anheizen, die Haube schließen und den Stein 10 Minuten erwärmen. Auf mittlere Hitze umschalten und weitere 10 Minuten erhitzen. Dann auf hoher Stufe 10 Minuten erhitzen. Ein auf die Mitte des Salzsteins gerichtetes Infrarot-Thermometer sollte etwa 230 °C anzeigen. Auf mittlere Hitze herunterschalten. Alternativ den Holzkohlegrill anheizen und die glühenden Kohlen auf eine Seite schieben. Den Salzstein auf der anderen Seite auf den Rost legen und die Haube schließen. Nach 20 Minuten den Salzstein mit Handschuhen über die Kohlen schieben. Nach 10 Minuten hat der Stein eine Temperatur von 230 °C und Sie können grillen. Den Salzstein mit Handschuhen auf die kühlere Seite des Grills schieben.

Während sich der Salzstein aufheizt, Knoblauch und Sardellen in einer Salatschüssel mit einer Gabel fein zerdrücken. Den Senf zugeben, dann langsam 3 Esslöffel Öl unterrühren, bis eine cremige Sauce entsteht. Den Zitronensaft zugeben. Mit Salz und Pfeffer abschmecken. Zur Seite stellen.

Die Salatviertel mit dem restlichen Olivenöl einpinseln und auf den heißen Salzstein legen. Von jeder Seite etwa 20 Sekunden grillen, bis sie gerade zu bräunen beginnen. Mit einer Zange auf die kühlere Seite des Grills legen. Mit der Hälfte der Vinaigrette einpinseln, dabei soll das

Dressing auch zwischen die Blätter dringen. Mit dem geriebenen Parmesan bestreuen.

Die Eier langsam und vorsichtig auf den heißen Salzstein gießen, dabei mit einem Wender dafür sorgen, dass sie nicht herabfließen. Die Eier stocken, sobald sie in Kontakt mit dem heißen Salzstein kommen. Es ist nicht schlimm, wenn etwas Eiweiß über den Rand des Steins tropft. Die Haube schließen und die Eier 3–4 Minuten garen, bis das Eiweiß fest, das Eigelb aber noch weich ist.

Auf jeden Teller ein Salatviertel legen. mit der restlichen Vinaigrette beträufeln und mit einem Ei anrichten. Alles mit Parmesanspänen bestreuen. Mit schwarzem Pfeffer und nach Belieben mit Salzflocken würzen und sofort servieren.

ÜBER DEN AUTOR

Mark Bitterman ist der führende Salzsteinexperte und Importeur für Himalaya-Salzsteine. Sein Wirken wurde unter anderem in der New York Times vorgestellt, er unterrichtete an führenden gastronomischen Akademien in den USA und arbeitet mit führenden Restaurants auf der ganzen Welt zusammen. Seit Mark Bitterman vor 30 Jahren an einer Raststätte in Frankreich das erste Mal in ein saftiges, mit Salz bestreutes Steak biss, ist er ein Salzfan und ständig auf Reisen, um Menschen auf der ganzen Welt mit Essen zusammenzubringen. Zu den fünf Büchern, die er bisher geschrieben hat, gehören das mit dem James Beard Award ausgezeichnete »Salted« (»Gesalzen«) und »Salt Block Cooking« (»Garen auf dem Salzblock«), das sich über 200 000 Mal verkauft hat. Mark ist Gründer des Unternehmens Bitterman Salt Co., das Gourmet-Salzprodukte in Nordamerika produziert, importiert und vertreibt sowie der Läden The Meadow, die sich in Portland, Tokio und im Internethandel auf Salz, Schokolade, Bitter-Gewürze und Blumen spezialisiert haben. Mark berät Interessenten und hält Vorträge rund um den Globus und ist in den wichtigsten Medien der USA und international vertreten.
Erfahren Sie mehr unter https://bittermansalt.co/

1. Auflage

Originaltitel: Salt Block Grilling – 70 Recipes for Outdoor Cooking with Himalayan Salt Blocks

ISBN: 978-3-8094-4344-5

Für die deutschsprachige Ausgabe
Umschlaggestaltung: Atelier Versen, Bad Aibling
Herstellung: Elke Cramer
Projektleitung: Anja Halveland

Fotos und Foodstyling
Fotos: Aubrie LeGault
Foodstyling: Ashley Marti
Fotos Seite 13, 18: Mark Bitterman

Für die Originalausgabe
Editor: Jean Z. Lucas
Designer: Holly Swayne
Art Director: Tim Lynch
Production Editor: Maureen Sullivan
Production Manager: Carol Coe

Realisierung der deutschen Ausgabe: trans texas publishing services GmbH, Köln
Übersetzung: Wiebke Krabbe, Damlos

Druck und Bindung: PBtisk, a.s., Pribram
Printed in the Czech Republic

MIX
Paper from responsible sources
FSC® C004378

Penguin Random House Verlagsgruppe FSC® N001967

GARZEITEN FÜR OBST UND GEMÜSE

In dieser Tabelle finden Sie die wichtigsten Angaben zum Vorbereiten und Grillen von Obst und Gemüse auf dem Salzblock. (Gemüsesorten wie Brokkoli oder Rüben lassen sich auf dem Grill bzw. Salzstein nicht durchgaren. Die Spalte Dauer gibt die gesamte Grillzeit an. Die meisten Obst- oder Gemüsesorten sollten nach der Hälfte der Grillzeit gewendet werden.

ZUTAT	VORBEREITUNG	HITZE	GRILLZEIT
Ananas	geschält, in Scheiben, eingeölt	mittel	5 Minuten
Apfel	geschält, entkernt, in Scheiben oder in Spalten, eingeölt	mittel	8 Minuten
Aprikose	entsteint, halbiert, eingeölt	mittel	6 Minuten
Artischocke	halbiert oder in Scheiben, eingeölt	mittel bis niedrig	10 Minuten
Aubergine	im Ganzen, auf 4 Seiten, auf 2 Seiten	mittel	6 Minuten pro Seite
Banane	geschält, längs halbiert, eingeölt	stark	4 Minuten
Birne	geschält, entkernt, in Scheiben, oder in Spalten, eingeölt	mittel	6 Minuten
Blumenkohl	in Röschen, in Scheiben, eingeölt	mittel bis niedrig	8 Minuten
Brokkoli	in Scheiben, harte Enden entfernt, eingeölt	mittel	4 Minuten
Brokkolini	Stängel, harte Enden entfernt, eingeölt	mittel	5 Minuten
Cherimoya	in Spalten, entsteint, eingeölt	stark	4 Minuten
Chicorée	längs halbiert, eingeölt	stark	3 Minuten
Chilischote, frisch	im Ganzen, auf 4 Seiten	stark	1 Minute pro Seite
Dicke Bohnen	gegart, eingeölt	stark	5 Minuten
Drachenfrucht	in Scheiben, eingeölt	mittel	4 Minuten
Edamame	enthülst, eingeölt	mittel	4 Minuten
Feigen	halbiert, eingeölt	stark	2 Minuten
Fenchel	in feinen Scheiben, eingeölt	mittel	4 Minuten
Grüne Bohnen	Enden entfernt, im Ganzen, eingeölt	mittel	6 Minuten
Gurke	in Scheiben, eingeölt	stark	1 Minute
Karotte	in feinen Scheiben, eingeölt	mittel	6 Minuten
Kartoffel	in Scheiben, eingeölt	mittel	8 Minuten
Kichererbsen	gegart oder aus der Dose, eingeölt	stark	4 Minuten